Índice.

Presentación.

Apreciados lectores:

Les invito a acompañarme en este largo viaje, periplo que recorreré con quienes poco quisiesen ser protagonistas, los emigrantes sirios, de las sórdidas historias que se desarrollan y trascienden a la vera de un camino abierto el paso por los traficantes de seres humanos, viajeros con poco equipaje y sin destino definido, salvedad de la ilusión por establecerse en un incierto país, y allí un hipotético nuevo hogar; o por las gélidas y desconocidas montañas del Ártico, nueva ruta, más económica como más larga y esquilmados por las mafias de las tratas de migrantes.

Ya en la oscura sentina, o aferrados a las maderas de un destartalado e inseguro barco, fragilidad de una barca de madera, suerte de tumba de más de uno que logra en ella embarcar; vayan Uds. a saber si en las fronterizas cercas de un encrespado alambre de púas, aferrados, sobreviviendo a la crueldad de los guardias de frontera; o a horcajadas en una blanca bicicleta, pintada así por la nieve, singular medio de transporte abandonado luego en cualquier lugar, cumplido su cometido.

Será caminar, ellos, como unas sombras al desamparo de las líneas fronterizas, o sobre los fríos rieles de un tren del que ven alejarse su último vagón con la esperanza perdida de ocupar un asiento en él, o aferrarse a cualquier parte de ese raudo viajero que se va, sin decirles ni siquiera adiós. Es una dolorosa realidad.

Atormentados por las situaciones que les han obligado a tomar la indeseable decisión de hacerse a los interminables caminos que les quedaran por recorrer, a desandar por cualquiera de las inciertas y peligrosas rutas, tres, cuatro, o cualquier número de ellas, les será igual, surcos abiertos para abreviar las desconocidas distancias a las que se suman los inmensos riesgos en su intento por alcanzar su objetivo. Es el recorrer grandes extensiones acompañados por el inclemente sol, o por la oscuridad de las tinieblas entre caminos y atajos, hasta llegar a las revueltas costas, algunos de ellos, del Mediterráneo para continuar su incesante aventura por las peligrosas aguas de esos mares tras la búsqueda de las fronteras europeas.

O por tierra, privilegiando el alcanzar la de aquellos países que les proveerán, al decir, la mayor suma de beneficios y calidad de vida, intentando arribar a ellos cruzando las heladas alturas del Ártico hasta llegar a lo que imaginan se esconde detrás de sus altozanos, que no será más que la esperanza de cristalizar el anhelado sueño de establecerse en el país que les conceda legal acogida de refugiados, y de no también valdrá el intento.

Es transitar al amparo de la ilegalidad tras su objetivo, todos entregados a la suerte como último refugio, menos que dar marcha atrás en su tentativa, es dejar los muros de sus casas, allá en su pueblo, para ir en búsqueda de lo deseado, de lo que es su objetivo, es el dar marcha hacia el encuentro con su utopía, con la alquimia de sus sueños, o con su decisivo empeño en dejar atrás los horrores de la guerra; es un costo muy elevado que llevado a las estadísticas es muy probable que no alcancen su destino, sin embargo, es de suponer, que la desesperación que les embarga ira más allá de pensar en un fracaso.

En la vorágine del conflicto, en Siria, solariego lar nativo, tomarían la decisión de lanzarse por la obligada y desdichada aventura, atrás quedara el pueblo, la ciudad, resquebrajados sus pensamientos en la memoria histórica familiar, ante la partida, la mirada perdida en el olvido, será el sentir estrujársele el cuerpo por la forzosa despedida del familiar más cercano que se queda, o del amigo que no puede, o no quiere, alejarse de sus añoranzas y recuerdos, la evocación de sus ayeres, que los serán los hoy ante la precipitada tolvanera del tiempo que les acosa y con la apresurada despedida, será como dejar atrás la infinitud de los recuerdos y las amargas lágrimas del dolor, la nostalgia por los amores encontrados y las malquerencias no deseadas; desmenuzando los sentimientos de una vida transcurrida en el lugar de sus pasiones, la constante búsqueda del conocimiento que se digería en las aulas del saber en el modesto centro de enseñanza, el que había, y ya no habrá, en su pueblo o ciudad.

Será, los imaginamos, el sentirse destilando el sudor que se drenara por los espacios de su arrugado frente producto del trabajo en la fragua transmisora de los esfuerzos en un banco de trabajo, o el brasero de un crisol, que también quedaran allí a la espera de quien, tal vez, no regresará nunca. Cuestiones del destino.

Llevarán también en los entresijos de su mente los rostros de los causantes de su desdicha traducida en un viaje en su origen conocido punto de partida, pero ante un incierto destino, tal vez sin retorno, albures de la suerte, dirán, aplicación de los mensajes de sus libros sagrados sometidos a su interpretación, que no de la verdad, o la crueldad de su verdad, la de aquellos que no fijaron la convivencia social como un principio de vida, o de los semejantes quienes presas de sus miserias humanas le han obligado a tomar esa decisión, que nos son sus culpas sino de quienes en esos enfrentamiento por el poder político o económico.

Qué no decir de una religión, la que desde niños sus mayores le enseñaron lo que el libro sagrado dejaba como valiosas enseñanzas, mas no comparten la desnaturalizada interpretación que le dan quienes de la guerra han hecho una perversa forma de vida; todo ello, y cuántas razones mas no les precipitaron al vacío de lo desconocido, a iniciar esas embarazosas rutas, alguna de ellas, peligroso desafío en cualquier caso, en búsqueda de un destino en cuyos orígenes, su Siria destrozada por la guerra, se vio obligado a emprender.

Todo ello, y cuánto más no confluirá en la mente de esos seres humanos cuando con el despertar del alba, o a cualquier hora del día o de la noche, acosados por las angustias, acopian en el modesto equipaje, si para ello hubiese tiempo, lo que el camino le reclamara, que no será mucho lo que lleve y tampoco para satisfacer lo que la necesidad le exigirá, y de pensarlo o no llevarlo, será un dilema no posible, o difícil, resolver cuando de hacerse a esos caminos urgido por la inseguridad de la guerra, los conflictos internos o tensiones del mismo tenor, ya la irreverente interpretación del libro sagrado de su Dios, quienes le acosaron se convierten en amenazantes fundamentalismos, tenebrosa suma de incontrolada barbarie.

Qué no les pasara por la mente a quienes se aventurarán por los insondables caminos del horror, los vericuetos del desconcierto, la añoranza por alcanzar el sueño que cruje en las interioridades de su ser, es el decir un adiós que lucha por salir de su garganta, o expresar un hasta luego en el que él mismo duda en creer que se cumpla ese, innegable, deseo. Sera el sentirse extraños, raros, dentro de sí mismo.

Vámonos, les reitero la invitación, por los insondables caminos de lo desconocido para esos infortunados viajeros extrañados de su tierra por la crueldad de una guerra.

Humberto Silva Cubillán.

Capítulo I. Algunas consideraciones, al inicio del largo camino a recorrer.

Multitud de seres humanos de ese país a cuyo encuentro acudimos, en nuestra imaginación, ya acopiando información proveniente de las primeras páginas de los diarios de mayor circulación a nivel mundial, o de la televisión , la que en tiempo real nos transporta hasta los escenarios de la guerra que allá, en Siria, se desarrolla; o de los portales que han surgido y configurado una nueva forma de difundir las noticias, los que abundan en proporción al desarrollo de la tecnología y la información; de las organizaciones no gubernamentales (las oficiales en los programas de sus deberes), agrupadas para dar protección a quienes en fuga huyen de ese país, o de otros, pero siempre buscando el desconocido destino, en el caso que les interesa, Europa.

Aventurándose por las rutas trazadas para su evasión del aterrador escenario de cuyos acontecimientos quieren guardar distancia, convulsionado país dejado a sus espaldas, persiguiendo lo que consideraran les calificara para el reconocimiento del estatuto de refugiado, u otras formas de protección en los países de un hipotético destino final, hasta tanto y cumpliendo con las definiciones que en tal sentido están señaladas por ACNUR y el instrumento legal por el que se rige esa organización de la ONU, les considere como tal, como refugiados.

El dejar atrás su país es de por si triste , en cualquier circunstancia, pero más infame aun cuando la partida esta sacudida por las situaciones que se ventilan en sus calles, las capital, o en cualquier ciudad independientemente de su densidad demográfica o superficie, Damasco, Deraa, Alepo, lugar de penetración terrorista, con todo y su corredor humanitario por el que muy pocos logran escapar, desesperadas familias que se aventuran a partir dejando a sus espaldas su añorada patria, la cotidianidad de la vida con su núcleo familiar tan cercano, sus evocadas querencias, acosados por una incomprensible guerra, laberinto de conflictos por las más variadas razones, inexplicables más existentes.

Lugar dominante las creencias religiosas, el Islam y el Cristianismo de larga tradición sus enfrentamientos, seculares enfrentamientos, más aun durante los últimos años, casi la media centuria, mayoría de su población musulmana suníes cuyo control lo ejerce una familia de alauitas, enseñanzas que derivan del chiismos desde el siglo IX, evolución que se desprende de ciertas características del cristianismo y de cuestionables cultos preislámicos; ya las que existen desde la intervención de Irak, o Guerra de Irak, funesta coalición encabezada por USA, de la que quedó un amargo legado: el enfrentamiento entre Occidente y seguidores de Saddam Hussein lo que devino en una guerra entre suníes y chiíes, y de allí la presencia del inefable y perverso Estado Islámico al frente de los contingentes suníes, y con los chiíes los rebeldes kurdos, marcada minoría étnica Siria, quienes controlan algunas ciudades al noroeste del atormentado país.

Esos son los escenarios en los que se desarrolla una inenarrable guerra, y los indescriptibles éxodos de migrantes que en ellos se gesta, en sus ciudades, en sus fronteras con los espacios limítrofes iraquíes que aun siendo parte muy importante y de pretendida independencia de cara al conflicto imperante, oposición de los kurdos tanto al presidente Al Assad, como al Estado Islámico, ha motivado a establecer su propio Estado en las fronteras entre Siria e Irak, o la presencia, innegable de los intereses económicos y políticos que merodean por las plataformas de los importantes yacimientos petroleros que intentan controlar dichos grupos y los países involucrados; ello no es más que a lo que se enfrentan quienes nos siendo parte de la guerra, los civiles, potenciales refugiados al final, acusan la secuencia de tantos factores que conducen a una impresionante violencia criminal en el teatro del conflicto.

Capitulo II. Origen de la guerra civil en Siria.

El inicio de la guerra, tomando una etapa como referencia para ubicarnos en el contexto de la realidad de los sucesos actuales, la puede ser cuando las hogueras en los desiertos se encendieron a partir de la Primavera Árabe, enunciado del que no siempre comparten los analistas y estudiosos de la guerra, cuestión de criterios, con la desestabilización de ese país, Siria, la que se desarrolla con intensidad a comienzos del año 2011 con la efervescencia de las protestas contra el gobierno las que, en principio, no obtuvieron los resultados que los manifestantes esperaban, deduciendo el gobierno que lo que estaba aconteciendo con los movimientos violentos que agitaban a Egipto, Túnez o Libia, allí no sucedería, visto los resultados para ese momento obtenidos, a todas luces, favorables.

Con la participación de los activistas a través de las redes sociales, coordinados vía internet, a partir de marzo de ese año operó un inesperado, para el gobierno, vuelco revirtiéndose la situación: las protestas juveniles se hicieron mucho más fuertes, sobre todo en las principales ciudades del país, en especial en Deraa, donde se generó el conflicto, en sus inicios; los enfrentamientos se hicieron más crueles, cada vez más , miles de personas a tenor de sus consignas salieron a las calles de esa ciudad enarbolando distintos emblemas del movimiento, a protestar contra el gobierno, pacifica protesta que acabó convirtiéndose en un levantamiento que finalizo con el incendio del Palacio de Justicia, la Sede del partido oficialista Baath y el edificio de la empresa telefónica Syriatel.

La fuerza pública, haciendo uso de las armas, no se hizo esperar con un muerto y varios heridos, cientos de detenidos entre los manifestantes como resultado de la represión gubernamental que se incrementó en los días siguientes aumentando el número de muertos, heridos y detenidos, lo que inflamó más los ánimos entre ambas posiciones en conflicto viéndose el gobierno en la necesidad de sacar a la calle el Ejército ante el desbordamiento de las unidades de las fuerzas policiales por parte de los opositores, para tratar de sofocar la insurrección popular, ocurriendo algo inesperado: varios militares en total desacuerdo con la brutal represión del régimen se insubordinaron y, posterior a ese hecho de insubordinación, crearían el Ejército Sirio Libre, también conocido como Movimiento de Oficiales Libres, con el supuesto objetivo de proteger a la población civil de la represión del régimen mediante el uso de las armas, insurrectos que estimulados por ese soporte comenzaron a armarse y a asaltar comisarías y cuarteles de policía.

La instauración del Consejo Nacional Sirio, luego de la organización del Ejército Sirio Libre, cuyos fundamentos serían los correspondientes a un órgano encargado de representar, políticamente, a la oposición siria y que permitiese que las diferentes facciones rebeldes estuviesen representadas ante la comunidad internacional, le dio visos de organización al movimiento libertario que de esa manera emprendería la búsqueda de los objetivos propuestos a partir de sus orígenes, pero ahora bajo la conducción de hombres salidos de los cuarteles, con formación militar y conocedores de los principios que regían la guerra, sus tácticas y estrategias, así como la distribución de sus aprestos operacionales, conocimiento y condiciones de las instalaciones de las Fuerzas Armadas, de allí que su avance hacia las provincias del norte con objeto de asegurarse el dominio de la frontera con Turquía, lo que sería un objetivo.

Movimiento operacional que les permitiría poder hacerse de armas, vehículos, abastecimientos de suministros logísticos y médicos, y con ello ser capaces de enfrentar, en otras condiciones, a las fuerzas gubernamentales dándose como un hecho que es, desde esos sucesos, cuando comienza a desarrollarse la guerra civil en Siria.

De la importancia geopolítica de la región alzada en llamas a partir de los sucesos de Túnez, los Estados Unidos y sus aliados europeos vieron la Primavera Árabe como una gran oportunidad económica, nada de extrañar ya que ese ingrediente, el petróleo, no deja de ser de interés en la ecuación de cualquier conflicto y siempre lo ha sido, más aun donde se encuentren apetecibles yacimientos , como es este caso, de allí que deducían que con la llegada de la hipotética democracia a estos países se les permitiría abrir nuevos mercados y, además, obtener nuevos aliados con los que fortalecer su posición en una zona complicada pero de suma importancia estratégica.

Ello los condujo a centrar sus esfuerzos en dar el apoyo a los rebeldes, en la mayoría de los países en conflicto, o con visos de ello ocurrir, apoyo que fue primordialmente político, militar también en atención a que para mantenerse en vigencia ante sus pretensiones los grupos que buscaban derrocar a los gobiernos instaurados, por lo que luchaban para defenestrar , para ello requerirían de armas y logística en todas sus expresiones: suministros, financiamiento, logística y en buena parte de asesores militares con lo cual pudiesen precipitar la victoria y, de allí, la asunción al poder por parte de los insurgentes.

A todas estas, los resultados no se iban a dar de acuerdo a sus expectativas (la de los norteamericanos, rusos y aliados, por excelencia, fines económicos, también los de Qatar) ya que el fenómeno insurreccional en cada país tenía matices diferentes, en Libia, por ejemplo, la raíz del alzamiento lo era, a todo evento , la inspiración nacida en las arenas de Túnez, la extraída de los resultados de la señalada Primavera Árabe: el conflicto social y la presencia de una tiranía que sumía a su pueblo en la miseria, en líneas generales, pero la resultante lo fue la que desembocó en una situación donde las diversas tribus lucharon por el poder, con las características propias de esa realidad: el funcionamiento social, político y económico caracterizado por tener un gobierno que tenía poco control sobre vastas regiones de su territorio, no proveía servicios básicos, proliferación de la corrupción y de criminalidad, así como una marcada degradación económica.

Cuatro años después de iniciados los movimientos en Libia, el levantamiento armado contra la dictadura de Gadafi, desde aquel 17 de febrero de 2010, prendidas las hogueras del Magreb, norte del continente africano, en una concepción geopolítica esta región cuyas costas se encuentran en el mar Mediterráneo al Norte, el océano Atlántico al Oeste y el desierto del Sáhara al sur, conformada por Mauritania, Marruecos, Argelia, Libia, Túnez y Sahara Occidental, (luego de largas contradicciones y enfrentamientos, en abril de 1976, Mauritania y Marruecos firmaban un acuerdo en Rabat por el que se repartían el Sahara Occidental, los dos tercios más al norte para Marruecos y el tercio restante para Mauritania), enfrentadas contra las dictaduras de la región; la insurrección del pueblo libio que estaba sufriendo los rigores de la dictadura de Gadafi, desencadenó ocho meses de una violenta guerra civil que acabó con la caída del régimen encarnada en la captura y muerte del dictador.

Paradójicamente, quedaban señas del ambiente de la euforia extendida que se instaló, efímeramente, luego de la llamada Primavera Árabe, un vocablo que para esa colectividad no ha dejado de resultar más que una dolorosa ironía ya que la prosperidad augurada no fue más que una mera fantasía y la transición hacia un sistema democrático no tardó en irse al traste ante la inexistencia de unas instituciones fuertes que asumieran el proceso y se hiciesen de la confianza del pueblo libio. Hoy, según el consenso nacional, se ha demostrado poco menos que fue algo así como una quimera y, no en vano en el país existen dos parlamentos rivales que operan a la vez, uno en Trípoli, y otro a más de mil kilómetros al este, en Tobruk.

Si de los Estados Unidos se trata, proveyendo a los rebeldes con armas modernas, municiones y suministros médicos, además de aportar dinero y enviar expertos militares para que les asesoraren y entrenasen a sus tropas, de cara al apoyo de Rusia a Bashar al-Assad, y el temor a convertir Siria en un nuevo Irak; dieron con el traste a una posibilidad de invasión norteamericana a ese país, en aquel entonces.

Dirimidas sus diferencias, o guardando distancia, para evitar un enfrentamiento y apoyo a los elementos en conflicto, cada una de las potencias a su manera y con fines encontrados: gobierno Sirio, Rusia y USA, a los que se oponen a esa dictadura grupos rebeldes, situación que ha variado ostensiblemente cuando Rusia, EE.UU y Francia van a formar una amplia coalición, con lo que se ha dado un vuelco a los criterios antes existentes, luego de dos sucesos que obligaron a tal determinación: los sangrientos atentados en París y la explosión del avión ruso A321, que no obstante las autoridades egipcias no estar de acuerdo con los resultados de la investigación rusa, de que el mismo fue producto de un atentado por parte del Isis, quien ya se lo había atribuido; ha motivado a enfrentar la situación uniendo los esfuerzos, a los que se han sumado otros países.

Los Hermanos Musulmanes, en Egipto, basados en el radicalismo islámico, si bien en sus comienzos apoyaron de una manera sesgada el Golpe de Estado de julio de 2013 con el que los militares retomaban el poder sobre el país, bajo la apariencia de reinstaurar la democracia las potencias occidentales aterrorizadas por el cariz que tomaba el gobierno de los Hermanos Musulmanes, cambiaron de actitud.

En el caso de Siria, país que ha sido el principal exportador de migrantes, el apoyo de EEUU y Europa a los rebeldes, fue, y aun es, con los funestos resultados, muy evidente y se han fundamentado en una verdad: el ya tradicional rechazo de las dictaduras a las democracias y viceversa, de allí que , estratégicamente, un cambio de gobierno en Siria, mejoraría considerablemente la situación importante de EEUU, y sus aliados, en Oriente Medio y al mismo tiempo debilitaría la de su mayor rival: Rusia.

Esos eran sus cálculos, al parecer, y ello de cara los sucesos del año 2015, no resultó tan verdad, la aplicación de esa estrategia, intuimos, y luego ante los actos terroristas en París, y el tema del avión ruso, cambiaron la posición de ambas potencias y permitieron hablar de una amplia coalición contra el Estado Islámico, conflicto Sirio, al que se sumó también, en apoyo del gobierno, Hezbollah, que en alianza con el Líbano y la misma Siria, se han mantenido en franco enfrentamiento contra Israel, y en este frente su rechazo a los rebeldes sirios, apoyados por los norteamericanos, lo que ha sido su argumento para intervenir en el conflicto con visibles resultados en favor del gobierno, cuando a la toma de algunas localidades que antes estaban en manos de los rebeldes, ha permitido la apertura de las vías que conducen al puerto de Tortous, en el mediterráneo, donde está la base rusa y de allí el acceso a los recursos que provee ese país al gobierno Sirio.

Unos perversos asistentes, sin invitación previa, se van a unir al conflicto reinante en ese país, Siria, cuando a los males existentes por los enfrentamiento de los grupos , gobierno, rebeldes y Hezbollah, lo han sido los fundamentalistas, radicales, islámicos: el Estado Islámico (ISIS) cuyas raíces se encuentran en Irak, desde el 2006, para enfrentar a los estadounidenses en aquel entonces, haciéndose de combatientes extranjeros, ultraconservadores suníes venidos del Kurdistán iraquí y aliado de Al Qaeda, vigencia que va a perder, vale decir, luego de los resultados de su enfrentamiento en Irak, infructuoso, sin embargo en el año 2010, con la llegada de Abu Bakr al-Baghdadi, nuevo y carismático líder, la presencia de este grupo toma otros derroteros.

Quien reiniciará su cruzada terrorista en Irak y al mismo tiempo se extendería por el norte de Siria, ante la inconsistencia del gobernante sirio, al-Assad, para mantenerse en el poder, y en el 2013 procede a   la instauración del "Estado Islámico de Irak y el Levante", atacando por igual a las tropas del gobierno y a los rebeldes, planteándose la extensión de su poderío hasta lograr el dominio de Irak y Siria, cuando, un año después, luego de la toma del norte de Irak, su líder se proclamaría como Califa de ese nuevo estado terrorista, instaurando su versión de la Sharia, Ley islámica, castigando severamente a quien la vulnerare, persiguiendo a las minorías religiosas, ejecutando a prisioneros y divulgando por las redes sociales sus atemorizantes acciones.

Y ahora, el Estado Islámico, califato, forma de Estado dirigido por un líder político y religioso de acuerdo con la ley islámica, controla un territorio entre Siria e Irak y que pretende recibir el apoyo total del mundo musulmán, organización que es una de las mayores amenazas para la seguridad, no solo de Siria sino del mundo entero por la crueldad de sus acciones, allí: asesinatos en masa, secuestros de minorías religiosas y decapitaciones difundidas en las redes sociales, ola de temor y odio en todo el mundo, acrecentado por los sucesos de Paris y el avión ruso, que conmocionó a la sociedad; actores quienes en su conjunto se han confabulado para ocasionar la inestabilidad social, política y económica del planeta.

La presencia de estos actores, los miembros del Estado Islámico, arranca desde el año 2002, cuando Abu Musab al-Zarqawi, de origen jordano, al frente del grupo radical Tawhid wa al-Jihad, jura, luego de la invasión de los Estados Unidos a Irak, lealtad a Osama bin Laden, funda al Qaeda en Irak, grupo que se convirtió en la mayor fuerza levantada en armas durante los años de la ocupación estadounidense, movimiento que después de su muerte, la de Zarqawi en 2006, al Qaeda creó una organización alterna llamada el Estado Islámico de Irak (ISI, por sus siglas en inglés), grupo que no va a resistir la arremetida de las fuerzas norteamericanas, a lo que se suman los consejo Sahwa, liderados por las tribus sunitas que no estaban de acuerdo con la crueldad del recién nominado ISI, surgiendo desde allí un nuevo líder, en 2010, Abu Bakr al-Baghdadi, quien va a reajustar la organización y los subsiguientes ataques contra el presidente sirio; fusiona las milicias en Irak y Siria y las denominó Estado Islámico de Irak y el Levante.

Los líderes del frente al Nusra, formado por muyahidines islamistas suníes , cuyo objetivo era derrocar el gobierno de Asad para crear un estado islámico bajo la Sharia y establecer un Califato, intentan reclutar a todos los sirios para que tomen parte en la guerra contra el gobierno con el que habían combatido contra al Assad, más rechazaron la decisión siendo solamente seguido por Abu Bakr, quien estaba de acuerdo con la instauración de una yihad, decreto religioso de guerra fundamentado en el Corán, llamamiento que se extiende de la ley de Dios.

En diciembre de 2013 ISIS se encaró en Irak y aprovechó la profunda división política entre el gobierno de orientación chiita, secta musulmana que defiende que sólo Ali y sus descendientes son los únicos califas legítimos, y la minoría sunita, principal corriente del Islam, ayudados por los líderes tribales, lograron controlar la ciudad de Faluya, a unos 69 km al oeste de Bagdad, en las orillas del Éufrates, conocida como la "Ciudad de las Mezquitas", porque hay más de doscientas en la ciudad, y los pueblos de los alrededores; pero el verdadero golpe lo dieron en junio de ese año cuando tomaron el control de Mosul, la segunda ciudad del país y continuaron su avance hacia la capital, Bagdad. A mediados de julio habían consolidado su control sobre docenas de ciudades y localidades, de allí ISIS declaró la creación del califato y cambió su nombre al de Estado Islámico.

Capítulo III. La escalada del conflicto.

La guerra civil en Siria, la que pareciese no tener solución, o por lo menos presagios de salir de la complicada situación, por el contrario tiende a empeorar cada vez más ante el avance del Estado Islámico lo que ha inducido a la huida de miles de personas de ese país, emigrantes quienes huyen hacia Europa debido al conflicto civil agravado; ya tiene más de cinco años, crisis que ha originado esa movilización que intenta escaparse del conflicto y del avance del grupo terrorista en ese país, éxodo masivo que no solamente se refiere a los que habrán alcanzado el objetivo de su atrevimiento, sino quienes han dejado su vida en el camino, cifras aquellas y estas que se incrementaran sustancialmente haciendo cada vez más difícil las estadísticas, así como la poca disposición de los países europeos de destino, o acogida, de serles dada la aceptación.

El crecimiento de la población siria, en proporción a las que han dejado sus lugares de nacimiento, también ha complicado el panorama en virtud de que ello incide directamente en las infraestructuras afectadas por los efectos del conflicto y la poca disposición de recursos técnicos, económicos y de personal para acometer la solución de los problemas, y la economía se encuentra en una situación extrema, según la ONU, que estima a esta fecha, la que varía de acuerdo a las diarias circunstancia, que 12,2 millones de personas necesitan ayuda dentro de Siria, de los cuales 7,6 millones son desplazados, clasificación definida por ACNUR, y los que permanecen en ese país lo serán las familias, no necesariamente, que no han podido tomar el camino de los que se inscribirían en la clasificación de refugiados, igualmente aclarada su definición .

Conflicto armado que ya se ha ubicado en su sexto año y esas son las cifras que arrojan las investigaciones de los organismos oficiales, o ONG`S, así como sus consecuencias han sido determinantes para que parte importante de la población tome sus decisiones, personas que se han visto obligadas a huir a países vecinos, además de que la violencia continúa creciendo en el norte de Siria y su frontera occidental, de allí los dolorosos resultados: 220.000 muertos, 11 millones de desplazados, 3.9 millones de refugiados y 12.2 millones de personas que dependen de la ayuda humanitaria para subsistir y sin haber sido posible alcanzar la paz.

Como difícilmente lo será ante estas circunstancias, orígenes los que en la Primavera Árabe por ello se rebelaron contra los gobiernos dictatoriales, llamaradas que recorrían los desiertos del medio oriente en los que imperaba: la corrupción, la pobreza, violación de derechos humanos, subyaciendo en esos factores, la desigualdad social. Fenómenos incrustados en la administración y políticas públicas que no han dispuesto, o poco han querido, de la voluntad, y si impunidad, para sancionar, o al menos neutralizar, y acabar con la injusticia y la desigualdad que fueron los orígenes de este conflicto y que no han dejado de estar presentes hasta hoy.

A la par de que las distintas partes enfrentadas incrementan sus acciones bélicas con materiales y equipos, apoyo financiero y logístico procedente de organizaciones en el mundo islámico, con lo que se apertrechan, luchan y acaban con una población civil que vive atemorizada y trata de subsistir, ecuación dolorosa de la que no escapan los niños quienes a su corta edad han crecido bajo el ruido de las armas de la guerra alejados de las aulas de enseñanza, víctimas de violaciones, o el verse obligados a alistarse en sus organizaciones, mujeres que no pueden dar a luz en hospitales porque las instalaciones hospitalarias, violentando los articulados de los Convenios Internacionales, plasmados en los 4 Convenios de Ginebra de 1.949 y sus 2 Protocolos Adicionales de 1977, han sido atacadas, destruidas o, en cualquier caso porque el personal médico o paramédico ha sido asesinado.

Situación alarmante que se ha convertido en parte de la vida de todos quienes, inevitablemente, nos acercamos a las pantallas de los televisores, hasta en tiempo real, cuando se suceden esos hechos en el mundo, escenarios de la guerra, conflictos de cualquier naturaleza, tensiones y disturbios internos donde se encuentran quienes no son parte de esa situación, más si elementos pasivos que sufren las consecuencias de un enfrentamiento generalmente ajeno a sus causas, que las serán de otros y sus intereses, de sobrevivencia en el mejor de los casos, las de los potenciales emigrantes, desplazados o refugiados a posteriori, si sobreviven en la atrevida aventura; más no el enfrentamiento como medio para la resolución de sus conflictos, de los que se aprecian rostros transformados por el terror reflejado en las fotos que de ello se han encargado de transmitir, hasta con crudeza, las cadenas de televisión internacional que se han desarrollado al mismo tenor de las exigencias, y avances, de las tecnología de la información y las comunicaciones.

Presencia de las redes sociales, y de las organizaciones no gubernamentales u organismos internacionales que han hecho propia las calamidades que sufren quienes presas de las situaciones políticas, sociales o económicas, se deciden a dejar sus países convirtiéndose en refugiados, o desplazados, según sea el caso y califiquen para ello, de las que en parte importante nos hemos valido para aproximarnos a esa realidad que está en pleno desarrollo, y muy lejos del teclado de nuestra computadora, difusión de las noticias que giran alrededor de ese fenómeno comunicacional, inclusive en directo, dispositivos que van desde la televisión por cable y satélite, portales, drones, sitios web y estaciones de radio, durante las 24 horas del día, en varios idiomas, dando una visión, al decir de los críticos, muy parcelada de la realidad mundial, lo que hacen bajo la óptica de la misma interpretación de la noticia, cuando de ello se tratare, y al estar ubicadas en el mundo occidental difieren de un canal que emergió en los medios televisivos árabes, Al Jazeera, principal canal de noticias de ese mundo árabe, desde el que se dan opiniones de acuerdo a sus criterios y, también, parcelados hacia sus intereses, escenarios de los conflictos, de cuyo ''rating'' viven, como los canales occidentales, y lo que apreciaran sus noticias y escenas, mientras más sombrías, mejores dividendos en sintonía y audiencia obtienen.

Importante papel que Internet jugó en esas revoluciones, iniciadas por lo dado en llamar Primavera Árabe, opiniones divididas en cuanto a lo positivo o negativo que ello ha sido, en el mejor de los casos, si esos medios han sido de capital importancia como tecnología de las comunicaciones y la información en la vida de la sociedad de hoy, a cualquier nivel y país, no menos su presencia en esos eventos su diferencia se pudo haber marcado en dichas revoluciones desarrolladas en las calientes arenas de los desiertos, red que con su espontaneidad y muy lejos de ser capitalizado su liderazgo por nadie en particular, tal vez si algún grupo que se caracterizó por ello, ponían al descubierto lo que los gobiernos ocultaban.

Capítulo IV. La sobrevivencia, único objetivo.

Proponerse, solo o en compañía de la familia, el hacerse a las turbulentas aguas del mar, o enfrentar la travesía de las traicioneras arenas de los desiertos, o la crueldad de los fríos del Ártico, para abreviar el camino en búsqueda del destino de sus sueños, es la realidad, dolorosa realidad, que estamos viendo en estos tiempos, la movilización forzosa de tanta población procedente del Oriente Medio, África, los Balcanes Occidentales y Asia del Sur, hacia Europa, lo que ha generado una complicada situación humanitaria en la que converge una variada tipología humana que se refleja en el incremento de un creciente y descontrolado transitar de seres, a posteriori en búsqueda de la calificación de ''refugiados'', ya definidos, y diferenciados, por el Acnur, del concepto de ''desplazados''; solicitantes de asilo, para el mismo Acnur (los términos "Solicitante de asilo" y "Refugiado", tienden a ser confundidos.

Siendo aquel quien requiere el reconocimiento de la condición de "refugiado" y cuya solicitud todavía no ha sido evaluada en forma definitiva; diferencia también de aquellos reconocidos como "emigrantes económicos", quienes guardan distancia del concepto de "refugiados" en virtud de que aquel es el que se ve inducido a dejar su país de origen por razones personales, de búsqueda de nuevos horizontes y nivel de vida, más se aprovecha de las circunstancias para intentar ser considerado como beneficiario de las medidas que se tomen para la solución de su situación.

Según la Convención sobre el Estatuto de los Refugiados, adoptado en Ginebra, Suiza, el 28 de julio de 1951 por la Conferencia de Plenipotenciarios sobre el Estatuto de los Refugiados y de los Apátridas (Naciones Unidas), convocados por la Asamblea General en su resolución 429, del 14 de diciembre de 1950, entrada en vigor el 22 de abril de 1954, de conformidad con el artículo 43; refugiado es aquel quien: "como resultado de acontecimientos ocurridos antes del 1.º de enero de 1951 y debido a fundados temores de ser perseguida por motivos de raza, religión, nacionalidad, pertenencia a determinado grupo social u opiniones políticas, se encuentre fuera del país de su nacionalidad y no pueda o, a causa de dichos temores, no quiera acogerse a la protección de tal país; o que, careciendo de nacionalidad y hallándose, a consecuencia de tales acontecimientos, fuera del país donde antes tuviera su residencia habitual, no pueda o, a causa de dichos temores, no quiera regresar a él.

A diferencia del "refugiado" de hoy, propiamente identificado como tal, que huye por persecución, por violencia generalizada o violación masiva de los derechos humanos, y otros emigrantes en condición de vulnerabilidad; grupos humanos (ante los ataques que tuvieron lugar en París, los gobiernos volvieron a poner la atención sobre el grupo autodenominado Estado Islámico, extremistas que se atribuyeron la responsabilidad de los ataques, en los que murieron al menos 127 personas, terrorista uno que tenía en su poder documento que le acreditaba como refugiado) que en conjunto comparten las vías de desplazamiento irregular hacia países de la Unión Europea, en este caso, lo que ha agravado la situación por el creciente arribo, por cualquier medio, ya a través de las peligrosas travesías por el mar Mediterráneo; o el círculo polar Ártico; o el sudeste de Europa, personas ávidas de encontrar, aun a riesgo de su propia vida, un lugar donde tener la seguridad jurídica, social y económica, que en sus países de origen se les niega.

Siria, que se ha convertido en el mayor proveedor de migrantes, no muy enaltecedor   lugar, que buscan afanosamente algún país de acogida, preferiblemente Europa, y allí también quieren privilegiar sus exigencias en países de su predilección, Alemania, entre ellos, conjunción de males que parece se han incrustado en esa sociedad que busca abrirse a otros horizontes ante las calamidades de la guerra y sus secuelas ocasionadas por las partes en conflicto: el gobierno, los rebeldes y otros grupos religiosos, países vinculados por intereses políticos y económicos, entre otros factores que convergen en el escenario descrito

.

Por vía de ejemplo, los rebeldes han torturado y ejecutado a centenares de soldados, policías y simpatizantes del régimen, y las fuerzas del gobierno, también cometido todas las atrocidades contra los prisioneros y población civil, torturas, bombardeos indiscriminados, en franca violación de los IV Convenios de Ginebra de 1949 y los II Protocolos Adicionales de 1977, incluyamos también dentro de los Tratados Internacionales, el de 1954 de La Haya, para la Protección de los Bienes Culturales, violados al ver el patrimonio arqueológico milenario destruido, saqueado y vendido a coleccionistas internacionales, o arrasado a manos de la barbarie, incultura y radicales creencias religiosas;   a lo que se suma el sufrimiento derivado de las hambrunas, epidemias, falta de servicios médicos, ausencia de seguridad, y de allí: robos, secuestros, agresiones y violaciones sexuales, todo ello, en suma,   conspira contra la Paz que esa sociedad tanto demanda.

Abortados a otros países, donde hasta se les estigmatiza, a los inmigrantes, todavía no considerados como refugiados en tanto no hayan sido aceptados como tal por los países de acogida y la sociedad , donde a duras penas pueden arribar, y de allí sometidos a un seguimiento que permita ya si emitir una opinión sobre su comportamiento, pero siempre estigmatizados socialmente, desfavorecidos por cuestiones raciales, religiosas, étnicas y habida cuenta de que allí arriban en tan precarias condiciones económicas, de salubridad, de trabajo, educación, cultura; condición humana que no se anida en los razonamientos de las autoridades que ven invadidos sus países por esta" avalancha", termino poco aceptado por las Ong's, dado el caso de que son seres humanos; se constituyen en una carga adicional para esas naciones , por ello son reacios a recibírseles por los gobiernos hipotéticos receptores, en detrimento de sus nacionales quienes con su trabajo, impuestos, leyes, contribuyen a satisfacer sus necesidades, y los gobiernos, locales, regionales y nacionales, a retribuirles lo que en parte cancelan con sus aportes.

Los inmigrantes han creado una desconcertante crisis migratoria y humanitaria en Europa, signada en los países de origen por: guerras, conflictos y tensiones internas, diferencias religiosas, persecuciones, pobreza, violaciones masivas de los derechos humanos y por la acción de redes delictivas transnacionales de tráfico ilícito de migrantes y de trata de personas, con el propósito de explotación, principalmente mujeres y niños; creando con ello una crisis en constante desarrollo cuya incidencia recae en algunos países del viejo continente, normativa internacional que no fue estructurada en su articulado original para atender las situaciones que hoy día se presentan, de allí que se hacen grandes esfuerzos para mitigar sus consecuencias, en los países de acogida, ya cuando está resuelta su situación, ofreciendo a las víctimas un grado de protección internacional de asistencia y, eventualmente, ayudarles a insertarse en una nueva vida.

Protección que puede contribuir a encontrar una solución general, pero al aumentar drásticamente el número de refugiados en las últimas décadas, como ha estado sucediendo con esta oleada de llegados por cualquier medio y tratando de insertase en el país que les sea de más conveniencia; se ha puesto de relieve que el trabajo humanitario no puede sustituir a la acción política de los estados que están sufriendo las consecuencias a la hora de solucionar lo que, evidentemente, está resquebrajando la sociedad en su contexto y afectando la economía de los países sometidos a esa contingencia, de ser de paso o acogida, de tanta gente, o evitar esta desconcertante situación que parece indetenible.

A diferencia del turista a quienes los gobiernos, por intermedio de las empresas dedicadas al comercio de la diversión y la locación de lugares de vacaciones, descanso y entretenimiento, intentan atraer, y en ellos si se invierte, inclusive grandes sumas de dinero, creando atractivas publicidades, manipulando a quienes por su condición socio- económica aportan al país receptor, y que cuya estadía es limitada por el tiempo, por lo tanto no compiten con nadie por un puesto de trabajo, más bien con sus aportes y consumo contribuyen a sustentar el incremento de los mismos para los potenciales cargos en las localidades, aportan con sus divisas mejores condiciones de vida para los ciudadanos de esas urbes, y, se reitera, que no constituyen en una competencia laboral, al contrario contribuyen a la creación de puestos de trabajo, son poseedores de una cultura y respeto y, al final, regresan a sus países de origen.

Los refugiados, reserva guardada de esta calificación hasta tanto se les clasifique como tales, sirios, o en el más claro concepto de ellos y al que le damos especial tratamiento en este trabajo, los que aspiran ser considerados legalmente como tales, indistintamente de las dificultades que están conscientes ello conlleva el emprender la larga y peligrosa travesía, por cualquiera de las rutas definidas, e hitos trazados por los traficantes; van a seguir intentando cruzar las fronteras hacia la Unión Europea, y finalice o no la guerra que en ese su país se desarrolla, y en el mejor de los casos que la misma llegue a su fin, independientemente de los motivos o causas que para ello se considerara, como también quien se acredite el éxito de las razones que a ello les condujeron; las posibilidades de que esa población que dejó su tierra y que habiendo alcanzado su objetivo de traspasar las fronteras y llegar a Europa, difícilmente regresara, bien por razones de su establecimiento en el país de acogida, ya que en el mismo de les haya brindado la seguridad de la que allá carecía, el tiempo que tarde en recuperarse la economía deteriorada por los efectos de la guerra, se alcancen niveles de seguridad social, económica, jurídica, de lo que dudaran (es muy probable que se desarrollen las intransigencias y las represalias entre las partes que estaban en conflicto); el éxodo continuará y, difícilmente, nunca se sabrá cuanto tiempo durara.

Las vías de acceso a sus requerimientos, lugar de destino, el de los que se inscribirán a futuro en la clasificación de refugiados, a quienes se ha dado en llamar de esa forma no obstante no haber arribado a su destino y obtenida esa clasificación, sean las rutas establecidas por las organizaciones que al margen de la ley operan el tráfico de personas, razones que se pudiesen encontrar en la ausencia de una normativa y control por los estados, un poco difícil de formular dadas las circunstancias en las que se encuentran y donde las guerras civiles no dan mucho espacio para ello, salvo la corrupción que genera, lo que no pasaría de ser más que la letra impresa en un papel cuyo articulado no se cumple, suerte de utopía, entonces; son esos grupos los que fijan los costos, los que varían en razón a las dificultades de cada ruta, por persona, o familia si fuese el caso, kilómetros recorridos, pasos fronterizos, medios a utilizar y las inefables aduanas, cuyos encargados verán en ese proceso una manera de obtener, supuestamente, dividendos por las concesiones que otorguen a quienes capitalizan ese tráfico informal de personas.

Capitulo V. La peligrosa incertidumbre de las rutas.

A manera del conocimiento, somero lo expresamos, de las razones que les motiva, sabidos de lo que les impulsa a dejar atrás sus hogares, está la disyuntiva de las rutas y el destino de tanta gente a quienes con cierta frecuencia se les suele llamar migrantes, no siendo más que tantas personas, familias enteras, que arriesgan sus vidas para evadirse de la realidad que se vive en sus países de origen, Siria en nuestro caso de seguimiento, ocasionando, o contribuyendo con ello a la crisis humanitaria que está en pleno desarrollo en Europa.

Para intentar alcanzar su objetivo, quienes pretenden lograrlo, hasta a desprecio de su propia vida y de quienes les acompañan en la aventura, existen varias y arriesgadas rutas para arribar a cualquier destino, hombres, mujeres y niños que al viejo continente intentan llegar por los peligrosos caminos a pie, o por cualquier medio que les favorezca.

Las rutas marítimas, siempre el Mediterráneo a cruzar, a través de Italia, Grecia, o del estrecho de Gibraltar, no fácil de vencer, este un poco más distante para alcanzar su intento camino a España, a través de Ceuta o Melilla, frágiles barcazas de por medio, luego cercas de alambre en sus linderos, difíciles de escalar y de intentarlo, allí la guardia de fronteras a la caza para evitarlo; ya sorteando los gélidos caminos del Ártico, de allí a Rusia y Serbia, accesos a seguir y dirigir sus pasos hacia Alemania, preciado destino a alcanzar, o cualquiera de los países de la Europa del norte, preferiblemente, será lo que se inscribe en sus movimientos.

-La ruta de los Balcanes.

La ruta de los Balcanes, vía de escape hacia la libertad, se inicia en Grecia, es desde allí que los migrantes continúan su viaje, iniciado en Siria, embarcando hacia Macedonia, luego la travesía lo será a pie a través de Serbia, Croacia y Eslovenia, hasta llegar al destino imaginado que lo pudiese ser Austria, Alemania y los mismo países escandinavos, ruta migratoria reemplazada por otra que les llevaba desde Turquía (donde operan las principales redes de contrabando de personas , en ciudades como Estambul, Izmir, Edirne y Ankara) hasta Argelia, porque este país no les exigía visado. Esta ruta, la de los Balcanes, es considerada como la segunda ruta de migrantes hacia Europa, la principal es la del mediterráneo central, por Italia y Malta, más utilizada por los migrantes sirios para ingresar al viejo continente.

Esta ruta, si bien no es la que sirve de tránsito a la mayor cantidad de migrantes cuyo destino final es Europa, ingresos que se han podido reducir debido a los controles establecidos por Turquía y la misma Grecia (migrantes sirios en una mayor proporción, como también su parte de afganos, somalíes y un número progresivo proveniente del África subsahariana); es tal vez la más segura, en comparación con la del Mediterráneo Central, que siendo la de mayor ingreso de personas, también lo es la que en sus anales reposa el registro de la mayor cantidad de gente quien no pudo alcanzar su objetivo pereciendo en el intento en las aguas del mar.

Lampedusa, pequeña isla italiana, ha adquirido notoriedad, no muy agradecidas las autoridades locales de esta calificación, producto de la cantidad de migrantes que a diario recalan por sus costas, también el mayor índice de naufragios en el mar debido a la precariedad de las embarcaciones, excesiva cantidad de personas a bordo y por las condiciones meteorológicas imperantes.

Una serie de factores, de lo más variados, operaran en las tarifas de traslado, o acompañamiento, en el viaje desde un origen hacia un destino previamente contratado, es así como, por vía de ejemplo: los peligros a sortear; las distancias a recorrer; de si es por tierra o por mar, tanto como lo puedan ser mixtos también; la dificultad de traspasar los puestos fronterizos, unos más, otros menos vulnerables que otros, como también la lenidad o exigencias de los vigilantes fronterizos, o las tarifas de acceso.

Los acuerdos que existan entre los países de origen con Europa, o entre los de las fronteras comunes, convenios como el Acuerdo de Schengen, que pueden variar de uno al otro lado de la línea divisoria; son variables que operan al momento de negociar el migrante con el traficante. Aquí éste impone la regla y el interesado: la alternativa de tomarla o rechazarla.

La aventura de hacer la travesía, por cuenta propia arrastra más riesgos que los habituales, donde las represalias pueden ser otra variable más y la que atente contra las posibilidades de alcanzar el éxito, el que, si bien ninguna de las opciones garantiza nada, la del traficante posiblemente sea la menos riesgosa, si tal vez la más costosa.

Vencidas las dificultades que acontecerán producto de los factores y elementos propios de la escalada del conflicto, lo que les obligara a buscar una salida forzada del país del que intentan huir, Siria, el que desde el año 2011 ha ido en un aumento la crueldad y brutalidad de las autoridades y organizaciones de cualquier naturaleza, pero siempre criminales sus acciones por mantener el poder , o adquirirlo, según sea la doctrina que les orienta en sus objetivos; para escapar de esa situación miles de personas se han desplazado hacia países vecinos, como Jordania, Líbano, Turquía, Iraq y el Kurdistán , territorios de tránsito en los que, difícilmente, se quieran quedar dado el que la situación en ellos poco varia en relación con el que dejan atrás, su país, y su destino final a alcanzar no es otro que Europa.

Comienza el periplo a través del impredecible transitar por lo desconocido, duras jornadas a pie y, de arribar a las costas, hacerse a la mar donde les espera un destino incierto, o morir en el trayecto, es un largo peregrinar en el que pueden encontrar en toda su trayectoria las dificultades que deben resolver quienes se aventuran al escapar de la ciudad, o del pueblo donde se encuentra localizado el inicio de su partida, desbordar los límites fronterizos del país de inicio, desplazamiento hasta Turquía, línea divisoria entre ambos países, terrestre y marítima, de 822 kilómetros, que se inicia en la confluencia de la frontera triple con Irak y termina al occidente encontrándose con el Mar Mediterráneo, control del territorio limítrofe turco bajo la egida de la OTAN, lo que ha convertido esa área en una franja de alta tensión.

Dadas las circunstancias y los sucesos ocurridos en el año 2012, debido a la posición de Turquía en el ámbito de las tensiones y disturbios internos, escalada que genero la guerra civil que se vive en Siria, las relaciones diplomáticas entre Turquía y ese país se vieron afectadas lo que condujo a la militarización, por parte de Turquía, de la frontera y es desde allí que algunos ingresan a Europa por Estambul, Izmir, Edirne y Ankara, venciendo, de ser posible, las redes de tráfico de personas que operan en ese país de tránsito hacia el destino final, Europa, ruta terrestre más utilizada por esa permanente trashumancia, sin embargo como alternativa la mayoría lo hace por mar tomando la ruta hacía las islas griegas, arriesgando su vida en las aguas del Mediterráneo, desde Grecia siguen, por tierra, hasta Macedonia, continúan su largo y desesperado andar en busca de la libertad hacia Serbia y de allí hasta conseguir franquear la frontera con Hungría, arribando a la entrada del espacio europeo de libre circulación de personas, (Macedonia y Serbia no integran la zona Schengen, espacio creado en 1995 por el Acuerdo de Schengen para eliminar las fronteras comunes entre los países integrantes y establecer controles comunes en las fronteras de esos países) y desde Budapest intentan viajar en tren hacia el norte de Europa, para llegar al destino final de su aventura: Alemania o el Reino Unido.

Ahora bien, ya salvadas las distancias, los riesgos, peligros, derivados de las amenazas del Daesh, grupo terrorista insurgente, fundamentalista, yihadista, califato , definido por sus leyes, asentado en un vasto territorio de Irak y Siria, son las principales causas que incitan a las poblaciones a arriesgar sus vidas en travesías interminable; una vez en suelo europeo y el deseo de alcanzar el status de refugiados, su objetivo a lograr es llegar a Alemania, pero esa anhelo, o pretensión, a que se les conceda su demanda, conlleva severas secuelas para los países como Serbia, Hungría o Austria, situados en el camino hacia esa expectativa ya que los afecta en virtud de que esos gobiernos deben arreglárselas para atender esa cantidad de personas que, de una manera inesperada si se quiere, les alteran sus economías por los costos sociales y económicos que ello genera, de allí que en Hungría los migrantes que consiguen llegar hasta allí verán pasar las horas entre el hambre y las molestias, valga la inseguridad y las extorsiones, que devienen de esas condiciones de tanta precariedad que encontraran, y en pensar la manera de solucionar su situación, cuya etapa inicial es cómo desbordar los límites que les separa de Serbia, lo que hacen, de poder hacerlo, por los túneles de las vías férreas, o sorteando las cercas metálicas y alambre de púas que identifican la frontera entre ambos países, Serbia y Hungría, (una cerca de metro y medio de alto, de alambre, diríamos, coronada con una espiral de alambre de púas, está desplegada a lo largo de los 175 kilómetros de frontera con Serbia) a la espera de ser admitidos en un "centro de acogida", lo que no es más, que un pretendido intento de que se les dé mejor trato y consideraciones, cuando lo que allí encuentran es   un campamento sin salida alguna , áreas de unos 200 a 300 metros, cierta cantidad de decenas de tiendas de campaña militares bajo las que hay unos camastros para un número de personas cuya cantidad ha desbordado la capacidad de alojamiento y logística, precarias condiciones, sin las más elementales normas sanitarias y alimenticias.

De la vigilancia se encarga la policía de imponer la ley, a su manera, inclúyase allí que ni de la población más cercana a los citados "centros de acogida", es decir:

nadie puede acercarse a llevarles algo para comer o remediar lo más elemental de naturaleza sanitaria, si fuese el caso.

Austria no ha dejado de verse afectada, de allí el que haya reforzado el control en su territorio para prevenir el tráfico de personas y evitar desgracias como ha venido aconteciendo, sitios de convergencia donde coinciden desde los más variados caminos otros emigrantes provenientes de Afganistán, como también de Bangladesh, pero sobresalen las provenientes de Siria, niños, gente mayor o de cualquier edad, a quienes como única manera de identificarles es la de colocarles una pulsera con un número, nacionalidad y fecha de arribo al campamento, lugar que con dificultad tendrán acceso a una ración de agua, a la espera de embarcarles en un tren, de lograr un puesto siempre con dificultad si de grupos familiares se trata, rumbo a Budapest, papeles de transito como única referencia.

Si bien buena parte de migrantes logra llegar a Europa, cruzando la frontera de Grecia a Macedonia, ruta de los Balcanes, recientemente más de 30.000 de ellos esperaban hacer el cruce, se han visto bloqueados en la frontera Griega, y los que lo lograron quedaron atrapados en el camino, alcanzando un numero de 65.343 personas que irregularmente intentaron franquear la frontera y fueron detectadas por la agencia de control de las fronteras de la Unión Europea, siendo devueltas a las islas griegas a través de Turquía, luego de la firma del Acuerdo.

-Las vicisitudes de la ruta Ártica.

La del círculo polar Ártico es la ruta cada vez más utilizada, cuando antes se reducía a un número determinado de quienes por esos glaciares se aventuraban, y fue una docena los sirios que en el año 2014 la utilizaron para buscar un país en el que instalarse huyendo de la guerra civil que asolaba, y asola, su país, a partir de allí se ha ido, progresivamente, incrementando, siguiendo los caminos que les llevan desde territorio ruso hasta Noruega, país tradicional de acogida de migrantes, que no es miembro de la Unión Europea, pero sí forma parte del área de libre tránsito de Schengen.

La travesía del paso fronterizo de Storskog, (en este pueblo muchos sirios se han quedado a vivir allí, de lo que se evidencia que si bien huyen de la guerra, no lo es propiamente por   las necesidades o el hambre), cerca de la ciudad de Kirkenes, en el extremo norte del país, lo que ha desbordado a las autoridades no preparadas para esa contingencia, viéndose obligadas a abrir albergues de montaña, tiendas de campaña, hasta la rehabilitación de algún hotel, que está en proceso de adecuación a ese tipo de visitante.

Partiendo desde el Líbano, procedentes de Siria, quienes aspiren a hacer el recorrido por el ártico, deben proveerse de la visa que otorga Rusia, en su delegación en ese país de origen del viaje, adquirido el pasaje en avión a Moscú, allí operan las agencias de viaje debidamente registradas para ello, como es lo habitual en cualquier país, el periplo continua en tren hasta el norte del país, San Petersburgo, situada en el noroeste del territorio, en la costa del mar Báltico, de gran importancia geopolítica y   estratégica para Rusia, y de cuyas referencias culturales dan cuenta los nombres con los que la suelen denominar: "La Venecia del norte", "La Palmira del norte" y la "Capital cultural de Rusia", son algunos de los nombres con los que se suele referir a esa ciudad , la segunda ciudad rusa en importancia y población, innecesaria referencia a los fines de esta población en peregrinaje de otra naturaleza, menos cultural, por lo tanto ningún interés le representar.

Y luego continúan hasta Múrmansk, aquí operaba un negocio de las autoridades locales rusa que estaba referido a los viajes, negociados ilegalmente y que los noruegos pusieron control, allí es donde se origina el uso de la bicicleta para sortear el camino de 20 kilómetros que separan Noruega de Rusia, en Storskog, paso fronterizo entre ambos países con temperatura que no supera los ceros grados, ciudad portuaria de Rusia en el extremo noroeste del país, costa norte de la península de Kola, en la desembocadura del río Kola frente al mar de Barents y próxima a la frontera rusa con Noruega y Finlandia, mayor puerto de Rusia, ya en el propio círculo polar ártico.

Utilizada por miles de emigrantes sirios, iraquíes y afganos para cruzar la frontera de Rusia con Noruega, casi 200 kilómetros de frontera terrestre entre ambos países, por esa ruta veraniega, más económica en términos de costos y riesgos, que la mediterránea, más costosa, proporcionalmente ésta ya que supone jugarse la vida en las peligrosas y turbulentas aguas del mar;   pero corren el riesgo por las decisión de las autoridades nórdicas de deportar a los que tengan visado ruso, una vez en territorio ruso, los migrantes obtienen un visado de turista, o de estudiante, por lo que pueden trasladarse legalmente en tren hasta la región de Murmansk, limítrofe con Noruega, y permanecer días o semanas en ese país , que son la mayoría.

Noruega ha cerrado la frontera ártica con Rusia por la ola de migrantes sirios, divisoria por donde cruzan diariamente miles de ellos, por el Círculo Polar Ártico, sorteando la inclemente temperatura, en términos de grados bajo cero, y las nevadas que son descomunales, así como también elaboró la reforma parcial de una ley para agilizar la expulsión de emigrantes llegados de Rusia, y alerta ante los sirios que cruzan la frontera rusa en bicicleta. Hungría ha reforzado la frontera ante la presencia de ellos y amenaza con utilizar el Ejército.

El impedir cruzar la línea fronteriza va más allá de le existencia de alguna normativa que así lo exprese, más que ello es la manera que han encontrado los guardias fronterizos rusos de impedir el acceso a pie, por los cinco kilómetros que dividen a esa altura ambos países, como tampoco lo permiten en carros, ya que las autoridades noruegas acusan de tráfico de personas a aquellos que ayuden a los migrantes a cruzar la frontera en sus vehículos , de allí que les haya obligado, a los sirios, o cualquier migrante, a hacerlo en bicicleta, negocio que ha surgido al arrimo de esa modalidad impuesta, generosa en términos de divisas , así como algún extra por enseñarlos a pedalear sobre la nieve, básicamente a los árabes y afganos, que en su vida imaginaron el tener que aprender a utilizar ese modo de transporte y mucho menos en esas condiciones atmosférica.

El no poder tener acceso al país que está del otro lado de la línea divisoria, Noruega, les obliga a permanecer por largas temporadas, desde el verano, y luego de haber finalizado la extenuante travesía, en localidades fronterizas rusas, las que, si bien estarán haciendo sus negocios, allí: hoteles, apartamentos, casas, cafés, tiendas y restaurantes locales; los pobladores de esas comunidades estarán ante un fenómeno que antes no existiría: la inseguridad.

La tentación de extorsionar a los migrantes que deben pagar un mínimo de 500 dólares para poder cruzar la frontera, también ha asomado por allí, algo muy generalizado en cualquier autoridad, que ve en esa ocasión la de hacerse de un extra para remediar lo que el sueldo no le permite, siendo esto una mera suposición. Los vientos glaciales también hacen su aporte a las dificultades de los que llegan en busca de una manera de traspasar la frontera, la que, ante la negativa de las autoridades a permitirles superar la barrera, la vía de regreso es expedita, siempre en la bicicleta alquilada o comprada, hasta el día siguiente, y de lograr cruzar la frontera, y pisar territorio noruego, automáticamente solicitan asilo político.

En las últimas semanas la "ruta ártica" ha perdido cierto interés entre los sirios, que viajaban con familias enteras, pero no ocurre lo mismo con los afganos, que representan más de la mitad del total, y además ahora llegan inmigrantes de Asia y África, en su mayoría hombres jóvenes.

Sea como sea, sus planes peligran, ya que el Gobierno noruego anunciaría que devolvería de inmediato a Rusia a todos los solicitantes de asilo que hubiesen tenido estancia legal en este país, sea con visado, permiso de residencia o doble nacionalidad. Además, endurecería los requisitos para conceder asilo y permitir la reunificación familiar, y la única excepción serian aquellos que dispongan de un visado Schengen, lo que es harto difícil de encontrar entre los refugiados que eligen esta maratónica ruta. Por su parte Moscú sostiene que sus guardias fronterizos no pueden obligar a los extranjeros a mostrarles sus visados de entrada en Noruega, ya que su estancia en Rusia es absolutamente legal.

-La ruta Mediterránea, por el norte de África.

Por estos caminos, los que suelen llegar a Grecia desde Turquía en embarcaciones de dudosa calidad y aprestos para esa travesía, peligrosas por lo demás dada la turbulencia de ese mar, tras un cruce marítimo corto, relativamente ya que los peligros atentan contra la seguridad del viaje, continúan por Macedonia y Serbia, destino final que no es otro que Alemania u otro país del norte de Europa, como receptores de acogida, producto ello, su salida, debido a la prolongación del conflicto sirio y la degradación de la situación en los países limítrofes lo que llevaron a cada vez más gente a sumarse a los pobladores de otros orígenes que se dirigían hacia la Unión Europea, y sin ninguna posibilidad de regresar a su país natal, y el temor de que se cierren los accesos, mecanismos de los más variados que están tomando para ello los países limítrofes, de las fronteras europeas; les ha apremiado a abrirse paso por cualquier camino, venciendo los costos y riesgos.

Pues bien, este es uno de ellos, de los que se han calificado como las rutas de los refugiados, siendo este el más utilizado, como también el más peligroso, lo que unido a los operativos de las autoridades europeas contra los traficantes de personas, los ha obligado a reorientar a los que huyen de sus países, inducidos por los mismos traficantes, a hacerse de otras rutas, otrora las de los Balcanes, la más demandada.

Los riesgos de cruzar el Mediterráneo, desde Libia hacia Italia en inadecuados barcos, sobrecargados de pasajeros, a lo que se le agrega las precarias condiciones, carentes de motores con capacidad para movilizar tanta gente, más de la capacidad que cabría en sus limitadas dimensiones, sin salvavidas, o al menos los necesarios para la proporción de gente que embarcan; ha dado como resultado que los muertos en el mar, entre África e Italia, completen un numero verdaderamente escalofriante el mencionar.

La de Libia, vía el mar mediterráneo, sin pocas dudas la más peligrosa, allí convergen los execrados por las guerras y conflictos internos: los de Somalia, presa de una ya larga, 26 años, de cruel guerra civil; los de Eritrea, con un tercio de población en el exilio a consecuencia de una dictadura de corte soviético, remedo de los años de florecimiento de la URSS , en África; de Sudán del Sur, en el que se juntan conflictos étnicos y las inefables y persistentes hambrunas desde los años 60; como de Nigeria y su califato de Boko Haram, desplegado en el norte aplica la Sharia, código de extraña justicia, aceptada por sectores de la población del norte, no admitida en el sur,   con una determinante proporción de cristianos, es considerada una organización que apoya manifiestamente el terrorismo contra la población civil y usa medios violentos y coactivos en la persecución de sus objetivos político-religiosos, adherido al Estado Islámico , de cuya crueldad dan cuenta las noticias que se reciben de sus crímenes de lesa humanidad .

Qué decir, de lo poco que se conoce, y no por ello menos sanguinario, de la abandonada República Centroafricana, con sus crímenes contra las organizaciones religiosas, no dejar fuera de este contexto a Irak o Afganistán.

En fin, pareciese que allí, en Libia, que ya de por si tiene sus grandes dificultades, luego del derrocamiento y muerte de Muamar Gadafi, el más antiguo dirigente árabe y africano, luego de ocho meses de revueltas inspiradas en la Primavera Árabe, apoyada por una intervención de la OTAN, tras la toma de la capital Trípoli por el Consejo Nacional de Transición, quien gobernó durante casi 42 años su país de manera dictatorial; convergen en sus costas, entre Zuwara y Misrata, donde los tratantes de personas, colectivos cuyos nudos de complicidad están en ciudades como: Agadez, Níger, Tamanrasset Argelia o Jartúm, Sudán, donde captan a quienes disponen de dinero y expectativas por el viaje hacia otro mundo en búsqueda de lo que le falta en su país de origen y los encierran en miserables lugares de concentración, para luego los embarcarlos en maltrechas e inseguras embarcaciones, sobrecargadas, a precios exorbitantes.

Destino, Italia, por esa mortal vía, donde han dejado su vida, cargada de miseria y necesidades, cualquier número de seres humanos quienes no tendrán quien de ellos se apiade, y han ido a parar a las profundidades de esa mar, o arrastrados luego por las olas a las orillas de una tierra que deseaban llegar, mas no de esa manera, o muertos dentro de la bodegas o sentinas de los inseguros barcos, medidas que, para evitar ese comercio asentado en las costas de Libia, base de operaciones de esas mafias se habrán ideado las autoridades, intento de cerrar la ruta, insustancial procedimiento ya que se valdrán para hacerlo desde otros lugares ya considerados como alternativa ante estas contingencias, se supone.

No en vano en esa ilícita e inhumana actividad sus años llevaran los explotadores de esa ruta, la que les habrá provisto significativos dividendos, a costa de tantas vidas que habrán alcanzado su objetivo o la muerte, otros tantos. Muchos más que los anteriores, posiblemente.

Mecanismos que se han tomado, ello en cuanto a establecer ciertas dificultades físicas, serán en el mañana parte de la historia de esas aterradoras situaciones para alcanzar los destino, que no serán otros que la libertad, de ello la televisión y las redes sociales han llevado hasta la mesa del hogar más alejado del lugar de los hechos lo que allí, hasta en tiempo real, ha estado sucediendo, contingencias derivadas de la construcción de un valla para impedir el acceso a quienes intentan utilizar esta ciudad para saltar a Europa.

Cada vez que se cierra una ruta, o se dificulta su tránsito, otra, tal vez más peligrosa que la anterior se abre a las expectativas de los desesperados por evadirse del lugar de los hechos donde se ha fraguado el origen de su viaje en busca de otros horizontes. Siempre habrá otro camino por el cual emigrar.

La tragedia que viven miles de personas que ponen sus vidas en peligro para cruzar el mar Mediterráneo a bordo de embarcaciones endebles, barcos con limitadas condiciones técnicas o exceso de personas a bordo; ha derivado el que lo que en principio se calificara como una crisis migratoria, a ello se le ha sumado que el componente humanitario haya agravado la situación.

Los naufragios, como igualmente los éxitos logrados por quienes pudieron sortear los peligros del mar, aun con lo precario de los medios de traslado, tuvieron lugar en un contexto de conflictos en desarrollo en su países de origen los que por su ubicación, y relativa facilidad de acceso al mar mediterráneo, norte de África y del Oriente Medio, ellos lo serian: Siria, Túnez y Libia, Somalia y Eritrea; incrementaron las estadísticas.

La negativa de varios Gobiernos de la Unión Europea de financiar la Operación Mare Nostrum, programa humanitario y de rescate organizado por el Gobierno italiano, sustituido en noviembre de 2014 por la Operación Tritón de la Agencia Europea de Fronteras el 23 de abril de 2015, la decisión de la Unión Europea de no ampliar el área operativa de Tritón a la zona previamente cubierta por Mare Nostrum, motivo a los Gobiernos de la Unión Europea a triplicar los fondos para las operaciones de las patrulla fronterizas en el Mediterráneo con la finalidad de igualar las capacidades previas de la Operación Mare Nostrum, decisión criticada por Amnistía Internacional.

Posteriormente la Unión Europea decidió poner en marcha una nueva operación militar con sede en Roma, denominada Eunafor Med, bajo el mando de un almirante italiano. Dicho conjunto de acciones, navales y aéreas de un año de duración, la Mare Nostrum, relevado de sus funciones por las dos operaciones subsiguientes, (se supone que son programas sometidos a una constante evaluación de los resultados, los que se reflejarán tanto en los desembarcos abortados, las detenciones y reenvío a sus lugares de origen, como los dolorosos índices de muertos, y en el mejor de los casos sobrevivientes que surjan de las operaciones marítimas y aéreas) iniciada aquella por el Gobierno de Italia para abordar el incremento de la afluencia irregular de personas a Europa, durante la segunda mitad del año 2015 redujo el número de migrantes ávidos por alcanzar las costas italianas, y como consecuencia disminuyeron los relacionados naufragios de embarcaciones frente a la isla de Lampedusa, pequeña isla italiana de 20 kilómetros cuadrados de superficie, considerada por los indocumentados la puerta de entrada a Europa.

Por obvio allí privan las cortas distancias, relativamente, mas no por ello menos peligrosas, ya que está a 205 kilómetros al sur de Sicilia y a 113 kilómetros de las costas africanas, lo que permite que en pocos días, tres o cuatro jornadas de navegación, de acuerdo a las condiciones meteorológicas reinantes, quienes de manera ilegal se plantean arribar a Europa los que lo logren, y quienes que no, por obra de las circunstancias, lo alcanzaren y se queden en las profundidades del mar, o en las costas que les reciben arrastrados por las olas, muertos, objetivo no logrado por estos, que no era otro que la tan anhelada Europa, pasaron a engrosar las estadísticas, funestas que de ello se desprende.

Capítulo VI. Tras la firma del Acuerdo Unión Europea-Turquía, nuevas rutas.

Ante el bloqueo de la ruta de los Balcanes contemplado en el citado acuerdo, de lo que se desprenden las devoluciones a Turquía de todos los migrantes que arriben a las islas griegas, la búsqueda de nuevas rutas se abren a la necesidad para evadir las prohibiciones que se derivan del acuerdo, traficantes de personas que se ocupan de ello abriendo nuevos caminos, o reactivando algunos ya existentes y abandonados ante otras circunstancias, rutas que surgen como alternativas y en beneficio de un lucrativo negocio. Ocho se han abierto al tráfico de seres humanos abortados de sus países de origen, en búsqueda de otros de acogida.

Nuevas rutas, consecuencias de un acuerdo Grupos de migrantes que llegan directamente a Italia desde la costa turca, bordeando las islas griegas en barcos, tras embarcar en el puerto de Turquía, recorren unos 1.500 kilómetros en una travesía que dura días, cargueros fantasmas que transportan cantidad de personas que sobrepasan la capacidad de esas inseguras naves, suerte de algunas el arribo a costa firme, otros encontrados a la deriva, abandonados, en alta mar, al sur de Italia. Algunos han buscado otras nuevas rutas alternativas a la de los Balcanes para llegar a Hungría, recorrido que podría llevarles a pasar por Turquía, Bulgaria y Rumanía, todos ellos fuera del área Schengen.

Lampedusa, la isla italiana, ha sido testigo de la llegada de miles de migrantes a sus costas a los que ha acogido, otros muchos han perdido la vida intentando alcanzarla; sigue siendo una opción para quienes huyen de Siria, tragedias que se han sucedido en frágiles barcazas, procedentes, algunas del puerto libio de Misurata, otros procedentes de África subsahariana, ya de Pakistán, Marruecos y Bangladesh ; para muchos su muerte en aguas libias fue el corolario de la aventura en busca de la libertad.

La parada en Argelia suele ser habitual para los migrantes sirios que optan por entrar a Europa a través de Melilla, su viaje parte generalmente de Turquía, allí arriban en avión hasta Argelia donde cruzan la frontera vía Marruecos, muchos de los sirios que han entrado por esa ruta permanecen durante meses trabajando en ese país para poder costearse el alto precio que suelen exigir los traficantes de personas en la frontera melillense, ruta que era una de las menos problemáticas ,sin embargo el trayecto se ha complicado ya que Argelia ha comenzado a exigir visados a los sirios, vía hacia España por la que la mayoría de las personas que llegan son de esta nacionalidad, flujo por esa ruta que se ha reducido en gran medida, de acuerdo a las estadificas de la organización española con responsabilidad en el área y el tema.

Cruzar en invierno por la nueva ruta polar, un poco más sofisticada que la original, Siria, Líbano, Rusia, Finlandia, se inicia en el Líbano, allí despega el avión que les lleva hasta Moscú, por algo así como unos 1.500 dólares, con requerimiento de visado de la Embajada de Rusia, una vez en Moscú, un tren les dejará en San Petersburgo, cerca de la frontera finlandesa, incremento que se suscitara luego de la firma del Acuerdo UE-Turquía, el que ha dado motivos a la búsqueda de otras rutas como esta que estamos describiendo , perspectiva de los migrantes tomando la "ruta norte", también llamada "ruta polar"; la que era la usual para el ingreso de ciudadanos de Siria y Oriente Medio, accediendo a Finlandia y Noruega a través de su frontera con Rusia.

Flujo de emigrantes por esta ruta que ha sido restringida por las autoridades de estos dos países, cerrando sus fronteras, lo que pretende el país nórdico, Finlandia en específico, con estas medidas impedir que la "ruta polar" se convierta en la ruta principal para la inmigración irregular.

Otra nueva ruta es la de Italia, puerta de salida de Albania: Siria, Turquía, Grecia, Albania, Italia, la que intenta, por parte de las autoridades italianas, que no se convierta en una ruta alterna a la existente, para su ingreso, el de los emigrantes, a Europa Occidental, sujetos los mismos a la solicitud de protección humanitaria en Albania, y ello en tanto no exista otra puerta de salida a otros países, fronteras de este que no han sido abiertas. Si a ello se le suma que estando cerradas las fronteras de Croacia, Eslovenia, Serbia, Hungría y Austria, la única alternativa que le queda a los emigrantes es llegar a Italia en barco a través del estrecho de Otranto, ubicado en el mar Adriático, una ruta peligrosa y costosa, tentativa de su utilización por parte de los traficantes para llevarlos a otros países desde el territorio albanes.

Otros migrantes continúan su viaje en tren , el mismo que hace parada en San Petersburgo, hasta Múrmansk, ciudad al norte de Rusia, y a pesar de las temperaturas, que pueden llegar a los -30º C en invierno, esta ruta se ha convertido en una de las más rápidas, baratas y seguras para los sirios, igual que para ir a Finlandia, viajan en avión a Moscú desde Líbano y cruzan Rusia en tren hasta llegar a Múrmansk, muy cerca de la frontera con Noruega, una vez allí, cruzan el puesto fronterizo de Storkog en bicicleta, ya que está prohibido hacerlo a pie , se detienen y acusan de tráfico de personas quienes transportan emigrantes en sus vehículo, deportaciones que ha venido practicando Rusia a quienes llegan desde Noruega a través de esta nueva ruta ártica, controles que fueron más estrictos y con reforma de la Ley de Extranjería, cerrando las fronteras con Rusia a los migrantes sirios , iraquíes y afganos, lo que ha motivado a un desvió de la ruta e incremento de personas ilegales a Finlandia , a través de Laponia.

Una nueva ruta más, aunque menos común, es la que llevaría a Chipre, esta, a pesar de ser la más corta, no es muy concurrida, aunque la distancia es mínima, les separan solo 105 kilómetros, el trayecto que puede durar varios días, es muy peligroso.

-Alemania ¿destino final?

Los emigrantes que intentan entrar en Europa son sólo una pequeña parte de los que ahora mismo buscan cobijo en Turquía, más de 1,8 millones, Líbano, casi 1,2 millones, o Jordania más de 600.000, el primero de los nombrados, Turquía, lleva años absorbiendo la mayor parte del y hasta las autoridades alemanas reconocen que el país está "al límite de su capacidad": casi dos millones en un país de 75 millones de habitantes, mientras, Europa en su totalidad tiene problemas para admitir que necesita dar asilo a una décima parte de esa cifra, entre sus más de 500 millones de habitantes. Ésa es la situación actual, por lo tanto, el panorama se hace cada vez más complicado.

Alemania, pretendido lugar de destino final de la cruzada, más le consideran el mejor quienes aspiran a asentarse definitivamente en Europa, y sino el mejor, uno de ellos, siempre y cuando lo sean lo más al norte posible, por ser países más industrializados y que en cualquiera de ellos se pudiesen dar las mejores expectativas para quienes procedentes de Siria a aplicar para el asilo y quedarse en el país, mientras la solicitud se tramita, no obstante estarse saltándose la normativa establecida, específicamente el Reglamento de Dublín, Ley de la Unión Europea, Reglamento, nº 343/2003 del Consejo, de 18 de febrero de 2003, en el que se establecen los criterios y mecanismos de determinación del Estado miembro responsable del examen de una solicitud de asilo presentada en uno de los Estados miembros por un nacional de un tercer país, el que implanta como principio que dicha solicitud será examinada por solo un Estado miembro, con ello se evitaría el que los solicitantes de asilo sean reenviados de un país a otro, o que se abuse del sistema y una sola persona presente varias solicitudes de asilo.

Es el instrumento legal por el que se examinan las solicitudes de asilo y en el que quienes al mismo se han adherido, deberán permanecer hasta la solución de sus peticiones, y en tanto se defina su situación ningún ciudadano de origen sirio, en este caso, que arribe a territorio alemán correrá ningún riesgo de ser devuelto, argumento que invocan las autoridades alemanas con esta decisión es la de orden humanitaria, pero también administrativa en virtud de que para devolver a esas personas se requiere de una larga y pesada, como costosa cantidad de trámites y papeles que hacen muy embarazoso el proceso y, en último caso, regresarlos es algo difícil para Alemania, país que al mismo tiempo concede a estos la posibilidad de apelar tal decisión.

Sus razones tendrán quienes en ese norte fijan sus expectativas, en llegar al destino anhelado, Alemania, ahora bien no descartar lo que a economía se refiere, pudiese ser un elemento en una ecuación en la que, a su juicio, el de los que se aventuran en sus intentos, ya que si bien existen elementos desconocidos, los que ponderaran al momento de tomar sus decisiones, si para ello tuviesen tiempo lo que no es tan posible ya que las mismas las tomaran sobre la marcha, existirán también variables, o elementos, que por desconocidos sopesan la resultante siempre les será favorable en relación a las circunstancias que existían cuando tomaron tal decisión en su país de origen, por lo tanto fijarse únicamente que la decisión se enmarca en la razón económica, valoración indiscutible a considerar, sería hacer abstracción de otras razones que les atraen y solamente quienes enfrentan esas complicadas circunstancias que le obligaron a ello, serán capaces detener las soluciones, o buscarlas con el riesgo que de ello se desprende.

Una razón posible, a título de hipótesis que como verdad se tendría que demostrar, puede ser el habitual efecto de la "llamada" que le haga al interesado alguien que ya se haya establecido en el país, fundamento que se desprende del Plan Nacional de Integración, política común europea, cuyo objetivo de muchos de los países que conforman la Unión Europea, integración que solo, por obvias razones, contabiliza a los extranjeros que se encuentran legalmente en un país europeo, resultados que al evaluarse , no serán coincidentes con los que Alemania se ha planteado, no obstante su sistema de monitoreo, en virtud de que un número bien considerable, en término de millones de personas que se habían acogido a esa medida, sometidos al monitoreo en cuestión, su situación no había mejorado significativamente.

Sin embargo, hay una razón y no atribuible directamente a los potenciales refugiados, y no es otra que la de que Alemania es un país dependiente de la emigración, en parte muy importante dado el que es uno de los países con la mayor tasa de envejecimiento del mundo (de una población total de 82 millones y una esperanza de vida que fija en 81 años, casi el 21% de la población tiene más de 65 años y el porcentaje de la misma en edad media se sitúa en 66.1%) liderazgo económico europeo que estuviese sujeto a perder de no tener acceso a mano de obra que ocupe los puestos de trabajo que no pueden suplir por la carencia de sus nacionales con edad propia para esa actividad laboral, lo que ha motivado a los parlamentarios a analizar la situación, presente y futura, para reformar la Ley de Inmigración de manera tal que se facilite el acceso, y permanencia, de esa población en tránsito, necesidad de mano de obra calificada que permita solventar esa inminente situación.

Capitulo VII. La normativa internacional, a veces una ficción.

Familias enteras, incluidos niños y personas mayores, procedentes del Oriente Medio, África, los Balcanes Occidentales y Asia del Sur, intentan llegar a Europa, en búsqueda de la figura legal de Refugiados, los que de acuerdo con la materia que la rige, la Convención sobre el Estatuto de los Refugiados, adoptado para hacer frente a las consecuencias de la Segunda Guerra Mundial en Europa y las crecientes tensiones políticas entre el Este y el Oeste, durante la intensidad de la Guerra Fría, y lo fue en Ginebra, Suiza, el 28 de julio de 1951 por la Conferencia de Plenipotenciarios sobre el Estatuto de los Refugiados y de los Apátridas (Naciones Unidas) convocada por la Asamblea General en su resolución 429 (V) del 14 de diciembre de 1950.

Entrada en vigor: el 22 de abril de 1954, de conformidad con el artículo 43, Serie Tratados de Naciones Unidas, N° 2545, Vol. 189, p. 137; lograran el beneficio que le sería aplicable a aquella persona que "debido a fundados temores de ser perseguida por motivos de raza, religión, nacionalidad, pertenencia a un determinado grupo social u opiniones políticas, se encuentre fuera del país de su nacionalidad y no puede o, a causa de dichos temores, no quiera acogerse a la protección de su país; o que careciendo de nacionalidad y hallándose, a consecuencia de tales acontecimientos fuera del país donde tuviera su residencia habitual, no pueda o, a causa de dichos temores no quiera regresar a él"; lo que también está aconteciendo en otros continentes, tal vez por otras variables, pero emigrantes al fin, gobiernos de acogida que serán los responsables de su protección, una vez cumplidas las formalidades de rigor que les categorice como refugiados.

La realidad de hoy, que dista mucho de ser la misma de las razones y escenarios propios de la época en la cual fue sancionado aquella Convención de Ginebra, y lo que es aplicable a cualquier normativa jurídica internacional en este caso, como lo son las reformas parciales a las normas legales nacionales, el Artículo 1 de la Convención antes citada , en la enmienda, según el Protocolo de 1967, cuyo mayor logro lo fue el que elimina las limitaciones geográficas y temporal contenidas en la Convención original que estipulaban que, en principio, sólo los europeos que se convirtieron en refugiados antes del 1 de enero de 1951 podían solicitar asilo, provee la definición de refugiado como: "Una persona que, debido a un miedo fundado de ser perseguido por razones de raza, religión, nacionalidad, membresía de un grupo social o de opinión política en particular, se encuentre fuera de su país de nacimiento y es incapaz, o debido a tal miedo, no está dispuesto a servirse de la protección de aquel país; o de quien, por no tener nacionalidad y estar fuera del país de su antigua residencia habitual como resultado de tales eventos, es incapaz debido a tal miedo, de estar dispuesto a volver a éste".

Elemento esencial allí contenido lo es el "miedo", cuando el documento original le daba la connotación de temor como denominador, intensa sensación provocada por la apreciación de un peligro que les aqueja y cercena su tranquilidad, lo que al final se traduce en terror como máxima expresión, bastase ver esos rostros transfigurados por lo que a su alrededor les da ya no esa sensación de una extrema realidad , sino ante ellos la certeza de que ese hecho será una indeseable verdad, dimensión en correspondencia con la duración de la amenaza; que es lo que deriva de la situación que rodea esa sociedad que no es parte activa de la misma, sino consecuencia de los factores que les obligo a tomar la determinación de alejarse del escenario que les conducía, inexorablemente, a la perdida de la vida como ultima consecuencia.

También conocida como crisis migratoria (Siria es el país que a nivel mundial ha generado el mayor número tanto de desplazados internos 7,6 millones, como de refugiados: 3,88 millones al final de 2014; Afganistán :2,59 millones y Somalia: 1,1 millones son los países que generan más refugiados en el Mediterráneo) o Crisis de Refugiados en Europa, es la situación humanitaria crítica que se agudizó en 2015, por el incremento del flujo descontrolado de migrantes , solicitantes de asilo, emigrantes económicos y otros migrantes en condiciones de vulnerabilidad, que en conjunto comparten las vías de desplazamiento irregular hacia países de la Unión Europea. y por la acción de redes delictivas transnacionales de tráfico ilícito de inmigrantes, que los expone al transporte en condiciones peligrosas o degradantes y de trata de personas, con el propósito de explotación de los más vulnerables, principalmente mujeres y niños.

-Acnur y la Convención sobre el Estatuto de los Refugiados.

La Organización de las Naciones Unidas, por intermedio de su organismo creado a tales efectos, ACNUR, considera que Refugiado, de manera compartida, que es dable llamar a todos quienes abandonan sus países por las razones que a ello les ha conducido, inmigrantes porque están migrando, y al final muchos de ellos son también refugiados, en la práctica se concede asilo a personas que huyen de la persecución en sus países de origen, lo que ha sido uno de los principales empeños de los países que no encontrándose en el área de conflicto, a sus límites se han aproximado quienes de aquello se evaden, protección de los que en principio calificaron de Refugiados, mandato principal de ACNUR; fue creada para ocuparse de aquellos quienes durante, y post II Guerra Mundial sobrevivieron del Holocausto, quienes se trasladaron hacia el oeste, a territorios liberados por los aliados y alojados en campos y centros urbanos construidos con esa finalidad, del lado alemán ocupado por los aliados, así como también en Austria e Italia, para los que esperaban irse de Europa, mayoría judíos en las zonas ocupadas.

La prohibición de la repatriación forzosa de los refugiados se conoce como "no refoulement, y es uno de los principios más importantes del Derecho Internacional de los Refugiados, este principio se especifica en el artículo 33 de la Convención sobre el Estatuto de los Refugiados, el cual dice que ningún estado "podrá, por expulsión o devolución (refouler en francés), poner en modo alguno a un refugiado en las fronteras de los territorios donde su vida o su libertad peligre por causa de su raza, religión, nacionalidad, pertenencia a determinado grupo social, o de sus opiniones políticas".

Los artículos 12 al 30 de la Convención de los Refugiados especifica los derechos que les corresponden a los individuos una vez que han sido reconocidos como refugiados en los términos de la Convención: "Todos los refugiados deben ser provistos de papeles de identidad y documentos de viaje que les permitan salir del país". Asia y África son los continentes que sobresalen por el volumen de refugiados, el número de países afectados y la pobreza extrema.

El sudeste de Asia y los países árabes occidentales concentran el mayor contingente de refugiados, como consecuencia de los conflictos bélicos de Vietnam y Laos, la ocupación rusa de Afganistán y la separación de Bangladesh de Pakistán.

- Acuerdo de Schengen.

Schengen, es el nombre de un pueblo del Gran Ducado de Luxemburgo que se encuentra en la frontera con Alemania, Francia y Bélgica, y donde se firmó en 1985, el Acuerdo, que entró en vigor en 1995, para suprimir las fronteras comunes entre los países integrantes y establecer controles comunes en las fronteras exteriores de esos países; en la práctica, el espacio de Schengen funciona en términos migratorios como un solo país, como el primer acuerdo de levantamiento de fronteras entre esos países, Luxemburgo, Bélgica y los Países Bajos.

A partir de esa fecha se le conoce como espacio de Schengen a la zona formada por los países que, progresivamente, se han adherido a dicho acuerdo, y es la forma adecuada para referirse a la Europa sin fronteras internas. El Acuerdo de Schengen es un arreglo por el que varios países de Europa eliminaron los controles en las fronteras interiores, entre esos países, y trasladaron dichos controles a las fronteras exteriores, con países terceros.

El Acuerdo firmado en la ciudad de Schengen, de lo que deviene su denominación, en 1985 y en vigor desde 1995, establece un espacio común denominado espacio de Schengen, por el que puede circular libremente toda persona que haya entrado regularmente por una frontera exterior, o resida en uno de los países que aplican el Convenio.

En total, los países que forman parte del espacio de Schengen son 26: Alemania, Austria, Bélgica, Dinamarca, Eslovaquia, Eslovenia, España, Estonia,

Finlandia, Francia, Grecia, Hungría, Islandia, Italia, Letonia, Liechtenstein, Lituania, Luxemburgo, Malta, Noruega, Países Bajos, Polonia, Portugal, República Checa, Suecia y Suiza.

Este último país votó el 9 de febrero de 2014 en referéndum para restringir el acceso de los ciudadanos de Europa a su territorio, lo que puede llevarle a abandonar el espacio de Schengen. Existen países que pertenecen a dicho Acuerdo pero que tienen excepciones en la aplicación de algunos puntos del acuerdo y no pertenecen al espacio de Schengen, en ese contexto la libre circulación de personas, como concepto que emana del Acuerdo de Schengen que significó el comienzo de la supresión de los controles fronterizos entre los Estados participantes, como parte del marco institucional de la Unión Europea; se ha expandido hasta incluir a la mayoría de los Estados miembros y a varios países extracomunitario.

No hay que confundir el espacio de Schengen con la Unión Europea, ya que hay Estados miembros de esta que no forman parte del citado espacio y hay otros países que están integrados en el espacio de Schengen, y no pertenecen a la Unión Europea. Desde la entrada en vigor del Tratado de Ámsterdam, lo que sucedió el 1 de mayo de 1999, tras haber sido ratificado por todos los Estados Miembros de la Unión Europea, paso a convertirse en la nueva normativa legal de la Unión Europea, tras haber sido revisado el tratado de Maastricht, y su objetivo fundamental era el de crear un espacio de libertad, seguridad y justicia común, haciendo especial énfasis en varios aspectos fundamentales, a saber :empleo, libre circulación de ciudadanos, justicia, política exterior y de seguridad común y reforma institucional , para afrontar el ingreso de nuevos miembros, cuestiones que habían quedado pendientes en Maastricht y mediante este tratado se estableció la libre circulación de personas en el territorio de la Unión Europea, procedentes de sus Estados Miembros.

Según el Acuerdo de Schengen, instrumento legal que quedo integrado en el marco institucional de la Unión Europea en un protocolo anexo al Tratado de Ámsterdam, y en virtud de este protocolo los nuevos Estados miembros de la Unión Europea, los que ingresaron con posterioridad a 1999, deben aplicar la totalidad del acuerdo de Schengen, cuando el Consejo de la Unión Europea determine que se cumplen las condiciones para ello, así mismo, la libertad de circulación entre países del espacio de Schengen puede suspenderse transitoriamente en circunstancias excepcionales, lo que ya ha sucedido en varias ocasiones.

La entrada en vigor del Convenio de Aplicación del Acuerdo, o Tratado de Schengen, entraña la supresión de los controles en las fronteras interiores y el traslado de éstos a las fronteras exteriores, es así que toda persona que haya entrado regularmente por la frontera exterior de uno de los países que aplican el Convenio tendrá derecho, en principio, a circular libremente por el territorio de todas ellas durante un período que no supere los tres meses por semestre.

 La consecuencia de una Europa sin fronteras, como elemento indispensable para una efectiva unidad europea, se deriva del citado acuerdo, que trata fundamentalmente de la supresión de los controles en las fronteras comunes entre los Estados miembros de la UE, para conseguir la libre circulación de mercancías y servicios, así como el establecimiento de medidas de colaboración policial y judicial, y armonización de legislaciones en materia de visados, estupefacientes, armas y explosivos, etc. Schengen supone algo más que un tratado, ya que establece términos nuevos con un contenido más universal.

Los nacionales de un país que haya firmado el acuerdo Schengen, y que viajen a otro que también forma parte de este tratado, no necesitan pasaporte ni visado, con el documento de identidad nacional de cada país será suficiente para identificarse, aunque no es necesario, sin embargo, las autoridades recomiendan llevar pasaporte para evitar problemas en caso de urgencia o cierre inesperado de las fronteras en caso de riesgo para la seguridad de algún país. Por otra parte, los ciudadanos y sus familiares pueden establecer su residencia con total libertad en cualquiera de estos países, si algún miembro de la familia no es nacional de algún estado miembro se beneficia del mismo derecho que el ciudadano del que vaya acompañado, en este caso, podría necesitar la expedición de un visado para residencias de corta duración. Las tarjetas de residencia equivalen a este tipo de visados.

Aunque hay países de la Unión Europea que no forman parte del espacio Schengen, como el Reino Unido e Irlanda , tema de estudio ahora con el Brexit en vigencia, sí firmaron el Tratado que permite la libre circulación de ciudadanos europeos, esto significa que si se viaja desde cualquier país de la zona Schengen a cualquier otro país de la Unión Europea, o viceversa, se puede hacer solo con el documento de identidad nacional o el pasaporte, no obstante esto no se aplica a los ciudadanos extranjeros, residentes o no en la Unión Europea, que necesitaran cumplir los requisitos solicitados por los distintos países para entrar en ellos, pudiendo ser diferentes a los solicitados a los ciudadanos de la Unión.

Los extranjeros residentes en alguno de los países de Schengen y que viajen a otro país de Schengen, necesitan un pasaporte válido y la autorización de residencia en un país de Schengen, los titulares de una autorización de residencia expedida por cualquiera de los Estados citados podrán circular por un período máximo de tres meses.

Los extranjeros que visiten alguno de los países de Schengen necesitarán un pasaporte válido y un visado denominado visado Schengen, este documento es igual para todos los países miembros, por lo que los turistas ahorran trámites a la hora de solicitar permiso de acceso, para que el visado sea aprobado el turista necesitará de un seguro Schengen que cubra algunos gastos básicos como repatriación en caso de emergencia, asistencia legal o asistencia médica. Es importante que la aseguradora tenga una sucursal en Europa para que el seguro sea válido.

-Reglamento de Dublín.

El Reglamento de Dublín pretende evitar dos situaciones: el "refugiado múltiple", que consiste en presentar varias solicitudes de asilo, simultánea o sucesivamente, en diferentes Estados miembros de la Unión Europea, para incrementar la probabilidad de obtener una decisión positiva; y el "refugiado en órbita", cuando los solicitantes de asilo se trasladan de un Estado miembro a otro en la Unión Europea, sin que ninguno acepte examinar su solicitud.

El Reglamento establece que una persona que ha presentado una solicitud de asilo en un país de la Unión Europea y cruza ilegalmente las fronteras de otro país, deberá ser devuelto al anterior. Con objeto de conciliar libertad y seguridad, está libre circulación se acompañó de medidas llamadas "compensatorias", de lo que se trataba era de mejorar la cooperación y la coordinación entre los servicios de policía y las autoridades judiciales para proteger la seguridad interior de los Estados miembros y luchar contra la delincuencia organizada.

Ése era el contexto en el que se creó el Sistema de Información Schengen, el SIS, que es una base de datos sofisticada que permite a las autoridades responsables de los Estados intercambiar datos sobre personas y bienes. Una Europa sin fronteras, esa es la clave del Tratado que permite la libre circulación de ciudadanos de la Unión Europea, el acuerdo, que entró en vigor en el año 1995, facilita a los viajeros sus desplazamientos porque no necesitan pasaporte ni un visado especial, los turistas de otros 42 países no europeos también pueden desplazarse sin visado.

El acuerdo de Schengen, en vigor desde 1995, permite la libre circulación de personas, bienes y servicios por los países que forman la Unión Europea, otros como Bulgaria, Rumanía y Chipre no pudieron adherirse porque no cumplían con los requisitos de seguridad establecidos. Islandia, Liechtenstein. Noruega y Suiza, que no son miembros de la Unión Europea llegaron a un acuerdo para

En total, los países que forman parte del espacio Schengen son 26: Alemania, Austria, Bélgica, Dinamarca, Eslovaquia, Eslovenia, España, Estonia, Finlandia, Francia, Grecia, Holanda, Hungría, Islandia, Italia, Letonia, Liechtenstein, Lituania, Luxemburgo, Malta, Noruega, Polonia, Portugal, República Checa, Suecia y Suiza.

Capitulo VIII. Los refugiados, algo más que una estadística, son seres humanos.

Desde la aplicación de los instrumentos jurídicos, argumentando, en ocasiones y por ciertos países, su condición de musulmanes, pasando por las medidas preventivas para evitar acercárseles por sus fronteras, crueldad manifiesta de algunos vigilantes para evitarlo, ya construyendo cercas coronadas de alambre de púas, Hungría uno de ellos, aunque ya otros como Bulgaria, Estonia, Polonia, República Checa y Eslovaquia, también se han opuesto a recibirlos.

Desconocemos que si aplicando este método u otro propio de su genialidad, o admitiéndolos y si no flexibilizando su posición, los gobiernos, luego de hechos que han sensibilizado a las autoridades, caso del niño Aylan Kurdi, de escasos tres años, procedente su familia de Kobani, al norte de Siria, localidad bajo el dominio del Estado Islámico, grupo familiar que también pereció en el naufragio, excepto su padre; todo ello es fiel reflejo del drama que vive ese país y los obliga, la situación, a buscar asilo en cualquier país siendo Turquía el de mayor acogida, con 2,5 refugiados y Siria ocupa el primer lugar como proveedor, no grato reconocimiento, al hacerlo con 4,9 millones de personas refugiadas y, si de desplazados hablamos también hace sus aportes a las estadísticas con 6,6 millones, ocupando un segundo lugar, no muy enaltecedora tampoco, dicha ostentación.

Haciendo uso de las informaciones que se nos provee, y siempre de fuentes de cuya realidad poco o nada se duda, tenemos que en la región donde se llevan a cabo los conflictos iniciados en Túnez con la Primavera Árabe, excepción de Turquía, hay en el orden de 4,5 millones de refugiados sirios, solamente en cinco países: Turquía con 2,5 millones, Líbano 1,1, Jordania 635.254, Irak 245.022 y Egipto 117.658, esto en términos de la información y referida a los finales del año 2015.

De los años que tiene el conflicto, el que se adecua al contenido, relativo al ámbito de aplicación de los Convenios de Ginebra de 1949 y sus II Protocolos adicionales de 1977, más en concreto con el Protocolo Adicional I, el que desarrolla y completa el art 3 común de los 4 Convenios "se aplicara a todos los conflictos armados que no estén cubiertos por el artículo 1 del Protocolo adicional I … relativo a la protección de las víctimas de los conflictos armados internacionales (Protocolo I) y que se desarrollen en el territorio de una Alta Parte contratante entre sus fuerzas armadas y fuerzas armadas disidentes o grupos armados organizados que, bajo la dirección de un mando responsable, ejerzan sobre una parte de dicho territorio un control tal que les permita realizar operaciones militares sostenidas y concertadas y aplicar el presente Protocolo; los resultados, según la ONU, alrededor de 250.000 personas han muerto y 13,5 millones necesitan asistencia humanitaria urgente dentro de Siria; más del 50% de la población está en situación de desplazamiento.

Una de cada dos personas que atravesaron el Mediterráneo en 2015, eran sirios que escapaban del conflicto en su país. Si de reasentamiento hablamos, en este caso escribimos, desde el comienzo de la crisis de ese país se han ofrecido en todo el mundo 162.151 plazas en total, lo que equivale a solo el 3, 6 % de la población total de refugiados sirios en Líbano, Jordania, Irak, Egipto y Turquía, y al menos 450.000 personas refugiadas en los cinco principales países de acogida, el 10 %, necesitan ser reasentadas, según el ACNUR, y ante tanta necesidad de plazas para dar ese apoyo a una comunidad que esta requerida de esa posibilidad, países como Qatar, Emiratos Árabe Unidos, Arabia Saudí, Kuwait y Bahréin, no han ofrecido ninguna plaza y otros países, tales como: Rusia, Japón, Singapur y Corea del Sur, tampoco han dado muestras de dar ese soporte que tanto se requiere.

En tanto Alemania ha prometido 39.987 plazas para refugiados sirios a través de su programa de admisión humanitaria y del patrocinio individual, aproximadamente el 54 % del total de la Unión Europea, la misma Alemania y Serbia han recibido entre las dos el 57 % de las solicitudes de asilo sirias en Europa entre abril de 2011 y julio de 2015, excluidas Alemania y Suecia, los 26 países restantes de la UE han prometido unas 30.903 plazas de reasentamiento, lo que equivale aproximadamente al 0,7 % de la población refugiada siria en los principales países de acogida.

Capitulo IX. Aproximación final, luego de un largo viaje.

Cuántos centenares de miles de familias, millones de personas en el mundo se han visto obligadas a desplazarse, tal vez por esta razón , la de verse arrinconados , es decir confinados en las poligonales de sus países, a lo que poco interés les ha prestado la comunidad internacional , situaciones poco difundidas, escasamente en sus lugares de origen por motivos medioambientales, por ejemplo, los desplazados climáticos en Asia, que pasan desapercibidos, tragedia silenciosa de la que no escapan, y viven movilizándose en sus propios países , a lo que no se le da la importancia, lo que no es el caso de la situación de los emigrante que forma parte de este trabajo, que por la naturaleza de los casos que se suscitan en cualquier parte del planeta, por su incidencia, tiempo y los esfuerzos en dar solución por los organismos internacionales y los países que se están viendo afectados por la cantidad de gente que busca afanosamente una solución de los gobiernos a su situación; quienes se ven involucrados en la misma: los gobiernos de los países de hipotética acogida y los que ocasionan el problema , los emigrantes .

Qué cantidad de población, de cualquier género, edad o situación social o económica (quien tiene poder económico, y si los hay se encuentran referidos como inmigrantes económicos, lo que es otra especie social, no la del común) ante tales circunstancias tendrán dinero para salir por otras vía que no sean los riegos de los caminos a pie, o por los mares, abortados de sus países, allí Siria país donde se desarrolla una guerra civil que ya promedia sus seis años, ante el avance del Estado Islámico, lo que ha provocado la huida de miles de personas de ese país, grupos humanos que huyen hacia Europa debido al conflicto, y no propiamente por causas propias sino ajenas a su voluntad, migraciones forzadas de victimas que pasan por los conflictos que en ellos han derivado en una espiral de violencia, escalada de los mismos que derivan en enfrentamientos armados, persecuciones, pobreza, violaciones masivas de los derechos humanos; de allí enfrentar las dificultades de la trashumancia, luego en encontrar asilo en los países cuyas fronteras, que como tal son vulneradas, consideran les permitiría rehacer su vida y la de la familia, con las que han logrado, al menos, dejar su lugar de origen de cara a la situación interna, ya de larga data, en ese país en él que no encontraron una estabilidad por los efectos de la guerra y sus devastadoras consecuencias.

Crisis migratoria desbordada en una Europa, la que ya de por si con la apertura de las fronteras internas , fundamentos contenidos en el Acuerdo de Schengen, y ahora con el Acuerdo UE-Turquía pareciese que más que dar solución a los problemas los ha, o hará, acrecentar, según los más variados comentarios, por medio del cual los 26 países europeos, allí los 22 de los 28 Estados miembros de la Unión Europea, al cual se sumaron los cuatro países de la AELC para formar una zona , definido como el espacio que se derivó del nombre del acuerdo, donde se derogaron los controles en las fronteras internas, es decir, entre los Estados miembros, limitando dichos controles a las fronteras exteriores de ese espacio, y los países con fronteras exteriores estarían obligados a hacer cumplir las normas de control fronterizo; espiral que ha convulsionado ante la oleada de refugiados quienes buscando evadir las situaciones de sus países de origen; han complicado, aun mas, los escenarios del viejo continente, con incidencia en algunos países más que en otros.

La crisis de los refugiados se ha centrado en los países balcánicos, sobre todo en la limítrofe Hungría, que se ha convertido en la puerta de entrada al resto de Europa de los migrantes ya en el continente, y en previsión de la avalancha de quienes desean sortear la frontera, Hungría concluyó la construcción de una valla alambrada de 175 kilómetros de longitud y metro y medio de altura a lo largo de su frontera con Serbia, la que no parece surtir el efecto deseado de disuadir a las miles de personas que buscan entrar en la Unión Europea a través de ese país; las autoridades continúan con la construcción de una segunda valla, más sólida y de cuatro metros de altura, para evitar que el número de personas que a diario intentan cruzar la frontera, provenientes de países en conflicto como Afganistán, Siria o Pakistán, alcancen su objetivo, que no es otro que les dejen atravesar ese país, Hungría, hacia otros más ricos de la Unión Europea, a todas vistas Austria o Alemania, cuando menos hacia Bulgaria, Estonia, Polonia, la República Checa y Eslovaquia, quienes han manifestado su oposición a los emigrantes, principalmente por su condición de musulmanes, destinos por otras rutas que han buscado los reductos de Grecia, Italia, España y Malta.

Epicentro donde se originan sus calamidades, la de los que intentan desbordar ilegalmente las fronteras, sin olvidar que buena parte al no poder alcanzar las posibilidades de salir del país optaran por el desplazamiento interior llevando a cuestas las consecuencias que se derivan de la metástasis de una guerra por todos los confines de una patria en efervescencia en armas , situación que no ha cambiado, y ello en relación con el tiempo de elaboración de este trabajo, más de un año en términos de gravitación de los días, ya que se observa que el Presidente Asad permanece en el poder, el territorio encerrado en una confrontación entre las diversas organizaciones, políticas, religiosas, allí el Estado Islámico, en esencia sucesor de Al Qaeda, y sus eternos enfrentamientos con Irak, haciéndose de parte del territorio sirio, incluidos yacimientos de petróleo y su infraestructura, sus años en ello lleva, una década redondea en término de años, donde se disputan la pertenencia de la geografía entre sí, y contra el Presidente sirio en funciones , participación de gobiernos de otras latitudes quienes con diferentes intereses entran en el conflicto en búsqueda de sus propios beneficios, menos la tranquilidad de ese país en llamas, desde la Primavera Árabe.

Y ya van muchos años, y allí muertos, desaparecidos, desplazados y refugiados. Tomando como referencia el mes de marzo del año en curso, 2016, de cuya fuente hacemos cabal uso, ACNUR, a los fines de ilustrar un poco la situación en la que se encuentra el conflicto en Siria, y por lo mismo las consecuencias que derivan en quienes son los más afectados, los propios ciudadanos de esa nación en llamas, gente que con escasas pertenencias han escapado de sus predios , los desplazados abortados de sus sitios habituales de vida, sus hogares, los que se cuentan por millones, personas o grupos familiares, que van por esos caminos de la desesperación buscando algún lugar donde obtener la seguridad, o protección; y los refugiados ante los hechos que en ese país se suscitan, precipitada salida en búsqueda de lo que no les depara su lugar de origen, Siria, países vecinos que cargan con una oleada que alcanzan un significativo número de 4.815.868 ubicados en países que dan con fronteras comunes con el país en referencia de los que, según cifras de ACNUR: 2.1 millones están registrados en Egipto, Irak, Jordania y Líbano; si es en Turquía, según la misma fuente, 1,9 millones ; 28.000 en el Norte de África y 6.8 millones de desplazados , figura que guarda su diferencia con el de los refugiados , en la propia Siria.

Capacidad de acogida de los países vecinos que está desbordada por quienes de forma violentada emprenden largas y peligrosas travesías, muerte incluida en sus pensamientos, y a lo que se suman miles de personas que recurren a traficantes que la vida de ellos en sus mercaderes manos dejan, para realizar aquellas inciertas jornadas a través del Mediterráneo en un intento por llegar a la ansiada seguridad que les proveerá Europa.

O por las otras rutas, cuál de ellas más peligrosa e insegura. Estas cifras, las ya antes citadas, podrían ser aún más elevadas ya que no todos los sirios que han huido de su país se inscriben en los registros de ACNUR en el momento de su llegada, crisis que es la mayor emergencia humanitaria a la que se enfrenta la organización actualmente, acudiendo en su ayuda al ofrecerles refugio y asistencia ante esa situación, la de los refugiados sirios, ya aceptados como tales, que se ha convertido en la mayor crisis humanitaria que ha vivido Europa y cuyo origen no está propiamente en su geografía, como lo fue, y ello por dolorosa referencia, durante la II Guerra Mundial, de cuyas estadísticas dan cuenta los escenarios de la guerra dentro del mismo continente .

Cuando un indeterminado, y no por ello dudar de muy elevado el número de personas de cualquier edad y género que intentan dejar atrás los confines de su patria asolada por el conflicto en permanente desarrollo, más de 230.000 vidas se ha cobrado la guerra y si de los refugiados tomamos nota de las informaciones que nos sirven de sustento, ello ha generado 11,5 millones de desplazados y un estimado de 4 millones ha tenido que dejar el país, huyendo, inclusive de los campos de refugiados situados en el teatro de la guerra o bajo el dominio de las organizaciones en pugna.

Cantidad de gente desbordando las fronteras marítimas y terrestres, acosadas también por las autoridades negándoles el paso, ya vencidas las circunstancias que conlleva la travesía, arribando a las costas del Mediterráneo, información que nos transmiten las agencias internacionales de noticias, radio y televisión.

Desde allí avistar, en la imaginación, las anheladas siluetas de Europa, desconociendo todo con lo que se encontraran, hasta el rechazo a la llegada que por ellos aguarda, antes de abordar las frágiles embarcaciones cuyo maderamen puede ser la urna que les sirva de sepultura en las insondables profundidades del mar, o habiéndose expuesto por las tantas e intrincadas rutas terrestres, antes tal vez se reducían a 4 ò 5 maltrechos caminos llamados rutas, ahora luego de la firma del Acuerdo Unión Europea -Turquía, se han abierto ocho más de ellas, o tantas más, clandestinas tal vez desconocidas por las autoridades, más si conocidas por los traficantes de victimas que en esencia lo son quienes en búsqueda de la vida en libertad y paz, a ello se arriesgan como única alternativa para lograrla.

En esencia, la Unión Europea los rechaza, la totalidad de los países que la integran, unos más otros no tanto, pero rechazo al fin, y sus razones esgrimen en razón a las dificultades que ya de por si sus sociedades y la economía de esos países ya arrastran, desbordando las posibilidades de darles hospitalidad.

Turquía, absorbiendo la mayor cantidad ha elevado su voz, los países balcánicos, especial referencia Hungría, puerta de entrada a la Europa no admite más emigrantes , y sobre todo en la desproporción en el número de admitidos, en perjuicio de otros, solo esos dos ejemplos, subyaciendo en todos el elemento político, engendro de la situación que se origina en Siria, sus ingentes calamidades, las de los que emigran que las arrastran consigo.

Sin olvidar que buena parte al no poder alcanzar las posibilidades de salir del país optaran por el desplazamiento interior llevando a cuestas las consecuencias que se derivan de la metástasis de una guerra por todos los confines de una patria en efervescencia armada, situación que no ha cambiado, y ello en relación con el tiempo de elaboración de este trabajo, más de un año en términos de gravitación de los días, cuando: el -Asad aún permanece en el poder; el territorio encarnado en una confrontación entre las diversas organizaciones, políticas, religiosas.

El Estado Islámico sucesor de Al Qaeda y sus eternos enfrentamientos con Irak, haciéndose de parte del territorio sirio, incluidos yacimientos de petróleo y su infraestructura,; sus años en ello lleva una década redondeada en términos años, que se disputan porción de la propiedad de la geografía siria entre sí, y contra el Presidente, en funciones.

Capitulo X. Del andar y desandar por los caminos de la desesperación.

De aquellos polvos vienen estos lodos, hacemos uso de esa vieja frase fijada en la memoria colectiva de los pueblos, de cuyo origen hay sus versiones , la Santa Inquisición parece que algo tuvo que ver con ella, interpretándola a los fines de este trabajo, del que ya acometemos su fase final, que por los errores cometidos, y se pudiesen señalar como esos polvos, más que polvos las arenas del desierto, cuando la Primavera Árabe de 2010, así denominada aquella serie de alzamientos populares contra los regímenes dictatoriales, o pseudodemocráticos de la región, siendo Túnez, el punto de partida, y luego Egipto ; quienes cambiaron de gobierno en un plazo relativamente corto, en términos de tiempo, a los que se sumarian otros países de la región que hicieron algunas concesiones democráticas para evitar el cambio total de régimen, lo que no hicieron Siria y Libia, con los resultados que son bien conocidos: la revuelta libia contra el dictador Gadaffi, la que terminó trocada en un conflicto a gran escala que acabó con la muerte del dictador, en octubre de 2011, y con la incapacidad del nuevo gobierno para controlar el país. La acogida como última esperanza.

Si es de Siria, a su situación objeto de este trabajo, hemos dado la necesaria y posible cobertura documental , lo que nos ha motivado a utilizar la vieja expresión, hoy día dan fe de su existencia , intentado condensar en algunas páginas la existencia de ese Estado y los acontecimientos que han dado lugar a la situación que hoy día allí se vive, y fuera del mismo la de los desplazados y refugiados que ocupan estadísticas poco deseables por sociedad alguna, la que para el año 2013 tenía en el orden de unos 23 millones de habitantes, censo de población que hoy día arrojaría cifras totalmente diferentes, así como las de los que merodean por cualquier parte del mundo, miles de ellos concentrados en refugios, o dejando las uñas en la vallas que les separan de la libertad, de Europa, en busca de una nueva Patria.

Como república árabe , de cuyos inicios como Estado da cuenta la historia de las colonizaciones existente en tiempos ya lejanos, presencia de países europeos que se asentaron en territorios de África, y cuando se iniciaba el proceso de descolonización después de la II Guerra Mundial, entre los años 1941 y 1946, los franceses abandonaban su antigua colonia, y desde 1970 se entroniza la dictadura de la familia alAsad, la que en sus inicios lideriza el patriarca de la misma, Hafez al-Asad, quien gobernaría hasta su muerte, hecho acaecido en el año 2000, y asumiendo el poder su hijo Bashar, quien no obstante las consecuencias de la guerra civil, iniciada en el 2011, se ha mantenido en el poder.

Siria, por la razón de los hechos que en ese país ya se ha extendido a algo más de 5 años, visos de guerra civil sin posibilidades de solucionar, no es sino una de las muchas zonas de desastre luego de los años transcurridos de la Primavera Árabe, desde sus inicios, veamos también aunque no ha sido tema a tratar en este largo recorrido: la desmembración de Irak como un estado unitario, bajo la triple carga de alienación suní, chií y la separación Kurda, y el terrorismo del Estado Islámico continúan a un ritmo arrollador, cuyas consecuencias se observan a diario por vía de los medios de comunicación internacional; motivan a vislumbrar que este 2016, fue el año cuyos resultados apuntaron a considerarlo como el de una crisis humanitaria , sin precedentes.

Ya al final de las rutas transitadas por la necesidad de dejar tierra de por medio, la que les separe de la guerra que les ha obligado a tomar esa decisión , tres en sus orígenes (una más, abierta entre Mauritania y Mali, ante la exigencia de Visa por parte de Argelia, desde el año, 2015, lo que ha obligado a buscar otro curso de acción y no ha sido más que trasladarse , por cualquier medio al África Subsahariana, atravesar el desierto hasta llegar a Melilla); retomemos las recorridas,

conocidas y abiertas por los mercaderes de la necesidad humana de dejar atrás el escenario donde se desarrolla un conflicto que ya se califica como humanitario.

No es tarea fácil elaborar un balance de los resultados, los que arrojan las agencias internacionales y organizaciones no gubernamentales, de cuya responsabilidad, en parte importante, dependen para el logro de los fines propuestos, que no son otros que evadirse de las razones que les han arrojado de sus fronteras patrias para salir al encuentro de otra realidad que se les anida en la mente; y para ello es preciso hacer acopio de los números que aportan una dolorosa realidad: refugiados, desplazados ,muertos, desaparecidos, seres humanos vejados, maltratados por las autoridades, cuando no por las miserias humanas que se albergan en la mente y las acciones de los mercaderes del dolor ajeno, y ello no nos es fácil, sin embargo llegamos al final del tramo de este tenebroso viaje, jornadas de dolor y algunas sonrisas al final , cuando no de lágrimas de alegría y emoción por el final alcanzado, como también de dolor por aquellos que no pudieron lograr el objeto de sus sueños, al no poder, buena cantidad, cruzar la meta de la anhelada esperanza.

Hablar de más de cuatro millones de refugiados Sirios, algo así como el 95 %, del total de los que han abandonado sus fronteras , es relacionar buena parte de la población que se encuentra solamente en cinco países: Turquía, Líbano, Jordania, Irak y Egipto, vale decir aquellos que salieron del conflicto de su país a para irse a otros, cercanos de aquel, más con sus situaciones políticas en efervescencia, es decir su estabilidad allí no era propiamente donde se encontraba, por decir, en el primero de los nombrados: Turquía, recibidos 1,9 millones de refugiados de ese país, algo así como el 10% de la población siria; Líbano, 1,2millones, importante número para un país que ya con sus sempiternos conflictos, los acoge, en términos relativos, como el tener que dirimir la manutención de una población que ya al tener esa calificación, de acogidos, a no dudar si estas estadísticas derivan de los informes de ACNUR (cuyo llamamiento a recibir financiación para los refugiados solamente ha alcanzado un 40 % de lo requerido, o solicitado, a la comunidad internacional, siendo los que se encuentran en el Líbano los más afectados, y los que se están acampados en Jordania más del 80 %, está en el umbral de pobreza extrema) de los que nos valemos, versión oficial por lo tanto, su responsabilidad es el de velar por ellos ; Jordania, 650.000 refugiados, un 10 % de la población; Irak, todavía sobreponiéndose de la invasión de los Estados Unidos y sus aliados, arrastra con la carga de 3 millones quienes están sujetos a otra clasificación, la de desplazados internos, se entiende, y esto en los últimos 18 meses del año en referencia, 2015, y de ellos , este país acoge apenas a 249.463, de la población Siria y, finalmente, Egipto, que acumula 132.375 personas que se les identifica como refugiados.

A esta dolorosa realidad se suma el que alrededor de 220.000 personas han muerto; 11 millones de desplazados (sin opción de hacerse a los caminos de la libertad y la paz, por las más variadas razones se pudiese interpretar, en tanto el permanecer, a la espera de algún ansiado cese de las hostilidades, allí les acarreara inseguridad, hambre, y la fatalidad de la muerte) que requieren de asistencia humanitaria, aun encontrándose en su propio país, de los cuales más del 50 % se les clasifica como desplazados, con la pocas esperanzas de ser considerados refugiados, o de encontrar plazas de reasentamiento ya que de las 104.410 que se han ofrecido a los países proclives a aceptarlos, donde existiendo un gran total de 400.000 refugiados sirio en los 5 principales países de acogida, el porcentaje es proporcionalmente bajo en relación con las necesidades, situación que pudiese ser solucionada, en partes, si países del golfo, como : Qatar, Emiratos Árabes Unidos, Arabia Saudi, Kuwait y Bahrein, a los que se suman países de altos ingresos, como : Rusia, Japón, Singapur, y Corea del Sur; admitieran el reasentamiento para refugiados de esta nacionalidad, la Siria.

Alemania, cuya promesa de aceptación de 35.000 personas, a través de su programa de admisión humanitaria y del patrocinio privado, lo que equivaldrá a un 75 % del total propuesto por la Unión Europea, en su totalidad.

Todo ello, y cuanto más, incubado en un conflicto que ya desbordo los cinco años, lucha por mantenerse en el poder por el presidente Bashar al Asad, contra las fuerzas que se le oponen , las que también buscan hacerse del poder, quienes se han dividido, incluyendo grupos islamistas apéndices de al Qaeda, de cuya violencia y crueldad da cuenta el que son temidos hasta por los propios rebeldes de otras facciones, ecuación del conflicto en el que intervienen , también, Rusia con sus habituales bombardeos y la coalición que llevan adelante los Estados Unidos, de cara a la presencia del Estado Islámico que controla parte del territorio sirio donde están buena parte de los yacimientos petrolíferos, recurso que les ha permitido utilizar para negociar y obtener la riqueza que detentan.

En síntesis esa seria, parte de los problemas y resultados mayores, lo que desprendiéndose de la Primavera Árabe, en marzo del 2011, en Deraa, lo que sería hasta una inofensiva acción de un grupo de jóvenes quienes pintaban grafitis revolucionarios en las paredes de una escuela de la ciudad, fuesen muertos varios de ellos , torturados y arrestados otros por las autoridades, lo que incito a la población a salir a las calles, protestas que en forma de espiral , a nivel nacional, pedían la dimisión del presidente Bashar al Asad, respuesta que no se hizo esperar por las fuerzas militares del régimen, lo que alentó más aun la ira de la población, manifestaciones que se extendieron durante el mes de julio de ese año, por todo el país.

Desde 2011 se considera que no menos de 4 millones de sirios han sido desplazados ocasionándose con ello un complejo tema de política internacional, resolución del mismo que hasta ahora ha escapado de cualquier aplicación, que no sean las académicas, para las solución de conflictos; el echar mano , como inevitable y legal recurso, a la Convención de Naciones Unidas sobre el Estatuto de los Refugiados, otros convenios que rigen la materia, apertura de fronteras ,altos temporales del fuego, poco aplicados más si violados al ser firmados, o aceptados, pugna por los intereses de cada parte involucrada en la situación, llámese guerra o conflicto, al final es igual en cuanto a pérdida de vidas, desplazados y/o refugiados; a la fecha de la conclusión de este largo camino, y con él las líneas en este trabajo, más allá de las cifras de muertos, desaparecidos, prisioneros, desplazados y refugiados , no pasan de ser, y se dice con infinito dolor, seres humanos.

El conflicto armado en Siria se ha vuelto cada vez más sangriento, el gobierno y las milicias pro-gobierno han intensificado sus ataques en áreas civiles y continúan utilizando armas indiscriminadas, aparte la utilización de armas químicas que si bien prolifero su uso en el año 2013, la presión internacional para aplicar la Convención sobre Armas Químicas, de no ser así se les hubiese continuado utilizando; uso extensivo de las municiones tipo racimo, al menos siete tipos de ellas , proscritas todas por los Convenios , asedio a las zonas pobladas como: Homs, Alepo,Moadamiya, Daraya, Ghouta occidental y la Oriental, así como el campamento de refugiados en Yarmouk, al sur de Damasco.

Si son los grupos armados: Ejercito Libre Sirio y el Frente Islámico, contrarios al gobierno, también hacen uso de las armas y ataques indiscriminados con proyectiles de cualquier calibre, artillería liviana y pesada desde sus zonas bajo control, acabando con civiles en barrios controlados por el gobierno, objetivos civiles conocidos, allí escuelas, hospitales, mezquitas y mercados.

Capitulo XI. Siria, un país en su desconcierto

Haciendo abstracción de ciertas referencias, no muy al caso y en beneficio de la brevedad de la despedida de esta páginas, Alepo, con más de 2 millones de habitantes antes de la guerra y dominada por suníes, donde se han involucrado algunos movimientos islamistas radicales y que cuenta con una minoría de cristianos entre sus habitantes, implicada su población en lo que se ha definido como una guerra civil, entramado donde se dirimen las más variadas luchas por el poder , de allí que Siria, en su totalidad como país, es un escenario donde Turquía, Irán, Arabia Saudita, Rusia y Estados Unidos se mueven para ganar posiciones de influencia y poder en el orden regional.

Los sirios ponen los muertos, de cualquier facción más sirios al fin, donde se baten las fuerzas en una lucha, también, por el gas y petróleo, donde Rusia intenta propagar su negocio; Qatar proyectando construir oleoductos que lleguen al Mediterráneo; Turquía, con una economía confiscada y una moneda depreciada en un 40% en un año, necesita de un suministro de crudo asequible y quiere aumentar su volumen de negocio con Irán, gran productor; una Arabia Saudita que está perdiendo espacios y que toma parte para hacerse de lo que considera será su cuota.

Allí , dentro de esa vorágine de la guerra, está situada Alepo, al noroeste de Siria, muy cercana de la frontera con Turquía; por el sur de este país, tradicional y sempiterno cruce de caminos históricos como rutas comerciales, la antigua Ruta de la Seda es parte de su historia; a sus 100 kilómetros del Mediterráneo, por el oeste, y del rio Éufrates al este; Rosa de los Vientos que nos pone en perspectivas de lo que allí está sucediendo, y que si bien en los inicios de la guerra la mantuvieron al margen del conflicto, más en el año 2012, en sus inicios, febrero con exactitud, la muerte de 10 manifestantes, por las fuerzas gubernamentales de Al Assad, hecho acaecido durante una manifestación cuyo objetivo era la búsqueda de la tan ansiada democracia, ya para el mes de julio los rebeldes que enfrentaba al gobierno, el este de la ciudad, estaba en manos de los insurrectos, siendo enviado el Ejercito para reprimirlos, sin embargo la ofensiva contra el oeste de Alepo por parte de los rebeldes, controlado por el Gobierno, en julio de 2015, no fue muy exitosa a los intereses de quienes se enfrentaban al gobierno, ofensiva que no ha cesado desde entonces por las fuerzas del gobierno, incrementadas por la intervención de la Fuerza Aérea de Rusia, desde el 30 de septiembre del mismo año 2015, y al norte y sur de la ciudad contra los rebeldes y el estado Islámico, al este.

De lo que ha derivado, tal vez un intento más de poner fin al conflicto, un cese al fuego entre el gobierno de Siria y los rebeldes de la oposición, acuerdo nacional entre el régimen Sirio, las facciones rebeldes, y las fuerzas rusas, alcanzando dicho Acuerdo de Paz, logros como el deponer las armas a un término determinado, tregua extendida a todo el país, y no circunscrita a un área determinada, tal como ha sucedido con Alepo; firmándose tres compromisos : el cese al fuego, un paquete de medidas que definan el cómo será cumplido y una declaración de buena disposición para entrar en conversaciones de paz para un acuerdo político en Siria, excluyéndose a algunos grupos, u organizaciones terroristas, por el Consejo de Seguridad de la ONU, incluidos allí a ISIS y Jabhat al-Nustra.

De tal acuerdo, un tanto frágil al decir de Rusia, que da apoyo a Siria, y Turquía, que respalda a los rebeldes, acordaron actuar como garantes del acuerdo, y determinando que cualquier grupo que rompiese el alto al fuego podría encarar represalias de ambos países. Estados Unidos por lo pronto han sido excluidos del Acuerdo, a la espera de la asunción al poder del nuevo presidente de USA, Donald

Trump, en tanto Rusia si bien reduciría sus operaciones militares en Siria, no menos cierto es que seguiría apoyando al régimen de Assad.

El desarrollo de los acontecimientos en esa parte del país se ha incrementado, tanto como en número de personas que intentan escapar ante la intensidad de los

Siria, un país en su desconcierto.   bombardeos y la violencia de los enfrentamientos de los grupos en conflicto, los aportes que nos hace, y nos valemos de ellos como valiosa fuente de primera mano, la OIM, cuando casi a su mismo tenor retomamos , dentro de sus exposiciones, lo que al 21 de diciembre de este año 2016, en su finales, nos permiten reproducir que un "total de 358.403 de migrantes y refugiados han entrado por vía marítima en Europa, sobre todo en Grecia e Italia", con un balance de muertes en el Mediterráneo , en lo que va del año, de 4.913, según el Proyecto Migrantes Desaparecidos, de la misma organización, lo que indica que hasta el"21 de diciembre del 2016 , el promedio de muertes diarias es de casi 14 hombre, mujeres y niños" de lo que infieren que "probablemente hubo muchas muertes adicionales en el mar Mediterráneo y en otros lugares, en especial entre el norte de África y España, donde este año la recolección de datos ha sido circunstancial, por lo que presuntamente muchos barcos pequeños se han perdido sin ser detectados".

Datos que varían a diario y un ejemplo de ello es que a la suma antes aportada por la OIM, se desprende que esta semana del mes de diciembre, en sus conclusivos días , ocurrieron dos nuevos naufragios en los que muchas personas perdieron la vida, de allí que el número se incrementaría, de ser confirmado, en más de 5.000 hombres, mujeres y niños y si bien el incremento de migrantes no derivaría de estos enfrentamientos en esta parte del país, otros factores si los han aumentado.

Por ejemplo, los que arriban a Italia por mar provenientes de Libia, cuya intención no es dirigirse a Europa, como se ha sostenido, cuando los que llegan a Libia, en principio con las intenciones de allí asentarse, buscan evadirse por el mar ya que allí lo que encontraron fueron abusos y violencia, recurriendo, en consecuencia, a traficantes sin escrúpulos que les obligaron a abordar embarcaciones no aptas para esa peligrosa travesía, agravado por las duras condiciones meteorológicas en el mar para estos meses, consecuencia que se refleja en más de 5.000 personas fallecidas.

Capitulo XII. Un epilogo, algo difícil de resumir.

Cuando el año 2017 avanza violentamente sobre las páginas del calendario, y con el mismo atrás ha quedado la última etapa de nuestro recorrido por los confines de ese mundo, el que dejamos atrás, Siria y las rutas recorridas para llegar a destino, Europa o donde se pueda, el país donde se ha originado la guerra que ha ocasionado más refugiados , en proporción, luego de la Segunda Guerra Mundial, al decir, que no es poco, en cuanto a las consecuencias de aquella conflagración mundial, en termino de refugiados o desplazados, y esta tan local como con tantos y dolorosos resultados, muertos, desaparecidos, destrucción de escuelas, hospitales, plantas físicas en general, no menos sentido el daño y destrucción de las edificaciones protegidas por la normativa internacional , Convención para la protección de los Bienes Culturales en caso de Conflicto Armado y Reglamento para la aplicación de la Convención, de 1954, con sus dos Protocolos, el primero, 1954, que define la propiedad cultural y el segundo,1999, que fortalece varias disposiciones de la Convención y su Primer Protocolo, relativo a la salvaguarda y el respeto por el patrimonio cultural y la conducta durante las hostilidades, bajo la supervisión de la UNESCO; producto del conflicto que allá se desarrolla, y pareciese no finalizar, el hacer un epilogo sobre los detalles compendiados y llevados a estas páginas que preceden el final no ha sido fácil ya que a cada día que transcurría, entre la barbarie que deviene de la naturaleza de estos eventos cuando intentamos finalizar , se nos obliga a extremar los comentarios ante la creciente escalada del conflicto en un área determinada, la ciudad de Alepo, para darnos una respuesta y compartir sobre el porqué allí se han centrado tan feroces enfrentamientos y , de allí el corolario de lo cruel de los ataques, en ambos sentidos y fuerzas enfrentadas.

Y al final de nuestro recorrido cargado de encuentros y desencuentros con realidades de las que desde el mundo exterior del conflicto no se tiene más que una somera idea, salvedad que el interés motive a adentrarse por aquella realidad a título de búsqueda de información y derivando de ello algún conocimiento de las situaciones que acompañan a quienes por necesidad de sobrevivencia emprenden esos intraficables, como peligrosos e infernales caminos; abroguémonos conclusiones que permitan, a los apreciados lectores, comprender un poco mejor lo que significa esa crisis, ya derivando en humanitaria, y de allí contribuir a dar respuesta a preguntas que se hacen, o nos hacemos: qué esperar de esa guerra cuando el enfrentamiento entre las fuerzas en conflicto: el gobierno, y las milicias que le apoyan, continúan sin cesar y con cualquier tipo de armas negarse a la entrega del poder?; ya poniendo tras las rejas a quienes no comparten sus concepciones políticas; desaparecidos y torturados; innumerables desplazados y refugiados; ausencia total del más elemental principio sobre el que descansan los derechos humanos, el debido proceso, uno de ellos.

Pero, es que los que se le oponen al gobierno de al- Assad, el Estado Islámico, o en otros términos ISIS, y al –Qaeda con su agencia en Siria, Jabhat al-Nusra, no han respondido con igual, o peor, crueldad donde proliferan las violaciones, secuestros, torturas, ejecuciones sumarias, esas que luego difunden por todo el mundo haciendo uso de las redes sociales, modernas técnicas de la tecnología y las comunicaciones y la información de las que hacen perverso uso y difusión en este mundo globalizado? y los ataques deliberados e indiscriminados contra los grupos civiles, sus templos de culto, escuelas, bienes culturales protegidos por normas internacionales, hospitales y lo que es más inhumano aun, la incorporación de niños a las facciones de combate cuando donde deberían estar es en las aulas del saber.

La propagación e incremento de los combates han dejado una crisis humanitaria con millones de desplazados y solicitantes de asilo a los gobiernos limítrofes, cuenta aparte los emigrantes, quienes en busca de la calificación de refugiados han traspasado las fronteras de los países europeos acarreando con ello una situación en el viejo continente de dimensiones impensables, estadística no incrementada por los que han dejado sus vidas en las profundidades del mar, o por cualquier circunstancia no alcanzado su anhelado objetivo.

A esta fecha, 6 de enero de 2017 y haciendo cabal uso de las informaciones de la OIM, transcribimos las mismas al reseñar que más migrantes murieron al cruzar el mar mediterráneo hacia Europa en 2016 que otros años anteriores, "… al menos 363.348 personas cruzaron el mar, la mayoría hacia Italia y Grecia, pero 5079 adicionales murieron o desaparecieron en el camino…se hizo un llamado, desde la dirección de esta organización que la frustración de Europa con un ciclo interminable de rescate de migrantes seguido de reportes de naufragios y de más ahogamientos continuará hasta que los gobiernos de la región encuentren una manera de manejar la migración de forma integral…encontrar medidas creativas para permitir la migración segura y legal, lo que podría lograrse a través de visas de trabajo, reunificación familiar o estatus de protección"; más aún, acentúa este cronista, que ello lo sería el dar solución al problema en sus orígenes, allí: guerras, hambrunas, violación de los derechos humanos, corrupción de los gobiernos dictatoriales y democráticos también, si los hubiese, presencia de intereses económicos nacionales e internacionales, sesgadas aplicaciones de los principios religiosos que practican las diferentes facciones en conflicto, en concreto: humanizar un tanto más la guerra , si ello cupiese como expresión , posible en el entendido que como noción existe ese criterio pero en la medida que allí se apliquen reglas plasmadas en normativas humanitarias internacionales.

La impresión que nos queda luego de este largo recorrido tras las huellas de los emigrantes sirios, se refleja en el rostro de los sobrevivientes que han logrado vencer las circunstancias al final de esta extenuante travesía. Cuántos no lo lograron y sus cuerpos habrán quedado envueltos en el hielo en aquellas montañas del Ártico, o en las profundidades del Mar Mediterráneo, cuyos ataúdes no fueron más que los maderámenes de una frágil embarcación que les servía de esperanza. Rutas del dolor, tres o cuatro en sus comienzos, suma de otras tantas, cuatro más, al decir, tangencialmente derivadas de un Acuerdo, con defectos y virtudes como lo es de suponer de todo acto elaborado por la mano del hombre, redundaría en intereses que beneficiaran a unos y otros, los países firmantes, letras impresas en esos papeles y signado por los representantes de los Estados, partes contratantes que integran la Unión Europea y Turquía.

En tanto se está a la espera que los Acuerdos provean el deseado resultado, el conflicto continua allá, en Siria, en plena efervescencia , Bagdad, Damasco, Deraa, Faluya, Mosul , Palmira, Alepo, las fronteras, los grupos extremistas, las fuerzas del gobierno enfrentándolos, las potencias haciendo de lo suyo, otros países vecinos también, en beneficio de sus intereses; produciéndose cual cruel maquinaria más desplazados, más y más refugiados, familias enteras tal vez, que luchan por evadirse de aquella realidad que les aterra y se desarrolla a plenitud sin posibilidad de solución alguna, más si recrudeciendo la crisis humanitaria en Europa, escenarios de aquel país en llamas en el que estos actores secundarios, la población civil, se encuentra atrapada en una contienda que ellos no generaron y de la cual quieren, a como dé lugar, escapar en busca de la ¡**Paz** !

Bibliografía consultada.

-Acnur. Convención sobre el Estatuto de los Refugiados de 1951 y su Protocolo de 1967

-Acuerdo de Schengen, 1985 y Convenio de aplicación del Acuerdo de Schengen, 1990.

-Carta de las Naciones Unidas, 1945. -Carta Social Europea, 1961.

-Convenio y Reglamento de Dublín. -Carta Africana sobre los Derechos Humanos y de los Pueblos, 1981.

-Convención suplementaria sobre la abolición de la esclavitud, la trata de esclavos y las instituciones y prácticas análogas a la esclavitud, 1956.

-Convención para la Prevención y la Sanción del Delito de Genocidio, 1948.

-Convenio de Ginebra relativo a la protección debida a las personas civiles en tiempo de guerra, 1949.

-Convenio Europeo para la Protección de los Derechos Humanos y Libertades Fundamentales, 1950.

-Convención sobre el Estatuto de los Refugiados, 1951.

-Convención sobre el Estatuto de los Apátridas, 1954 (entrada en vigor el 6 de junio de 1960. Convenio sobre las leyes y costumbres de la guerra terrestre con anexo: Reglamento sobre las leyes y costumbres de la guerra terrestre – La Haya, 18 de octubre de 1907.

-Convención sobre la Esclavitud, de 1926. -Convenio sobre Algunas Cuestiones Relativas al Conflicto de las Leyes de Nacionalidad, 1930. -Convenio relativo al trabajo forzoso u obligatorio 1930.

-Convención sobre Derechos y Deberes de los Estados, 1933.

-Convención sobre los Privilegios e Inmunidades de las Naciones Unidas, 1946

. -Convención de Viena sobre Relaciones Consulares, 1963.

-Convención Internacional sobre la Eliminación de todas las Formas de Discriminación Racial, 1965

. -Convención Americana sobre Derechos Humanos, 1969.

-Convenio de Viena sobre el derecho de los tratados, 1969.

-Convención sobre la eliminación de todas las formas de discriminación contra la mujer 1979.

-Convención contra la Tortura y Otros Tratos o Penas Crueles, Inhumanos o Degradantes, 1984

-Convención sobre los Derechos del Niño, 1989.

-Convención internacional sobre la protección de los derechos de todos los trabajadores migratorios y de sus familiares, 1990.

-Convenio sobre la prohibición de las peores formas de trabajo infantil y la acción inmediata para su eliminación, 1999.

-Convenio Internacional para la represión de la financiación del terrorismo, 1999. -Convención de las Naciones Unidas contra la Delincuencia Organizada Transnacional, 2000.

-Convención de las Naciones Unidas contra la Delincuencia Organizada Transnacional, Carta de la ONU.

-Convención Americana sobre Derechos Humanos de 1969, la Declaración de Cartagena sobre los Refugiados de 1984. "Principios y Criterios Para la Protección y Asistencia a los Refugiados, Repatriados y Desplazados Centroamericanos en América Latina" (CIREFCA-1989).

- Convenios de Ginebra del 12 de agosto de 1949 y sus Protocolos Adicionales de 1977. CICR. Ginebra. -Declaración de Brasilia Sobre la Protección de Personas Refugiadas y Apátridas en el Continente Americano. Brasilia, 11 de noviembre del 2010.

-Declaración y Plan de Acción de México Para Fortalecer la Protección Internacional de los Refugiados en América Latina" Ciudad de México, 16 de noviembre del 2004.

-Declaración Americana de los Derechos y Deberes del Hombre de 1948. -Declaración Universal de los Derechos Humanos. 1948.

-Diccionario de la Guerra, los Conflictos y la Paz. Humberto Silva Cubillàn. Edit. Melvin. Caracas. Venezuela. 2013.

-Derecho Internacional sobre Migración. -Declaración sobre la eliminación de la violencia contra la mujer, 1993.

-Derecho Internacional Humanitario. Humberto Silva Cubillan. Edt.Agenda XXI. Caracas. 2004.

-Declaración de San José sobre Refugiados y Personas Desplazadas de 1994.

-Declaración de Cartagena sobre Refugiados, adoptado por el Coloquio sobre la protección internacional de los Refugiados en América Central, México y Panamá, celebrado en Cartagena, Colombia del 19 al 22 de noviembre de 1984.

-Historia Universal de la destrucción de los libros. Fernando Báez. Edit. Melvin. Caracas. 2004 -- O –OIM.Derecho Internacional sobre Migración N°7 - Glosario sobre Migración, 2006.

-Protocolo Adicional contra el tráfico ilícito de migrantes por tierra, mar y aire, que complementa la Convención de Naciones Unidas contra la Delincuencia Organizada Transnacional, Anexo III, 2000.

-El Protocolo Adicional a la Convención Americana sobre Derechos Humanos en materia de derechos económicos, sociales y culturales de 1988. -Protocolo de San Salvador.

-Protocolo Adicional N°.4 al Convenio para la Protección de los Derechos Humanos y de las Libertades Fundamentales, 1963. -Pacto Internacional de Derechos Civiles y Políticos, 1966.

-Pacto Internacional de Derechos Económicos, Sociales y Culturales, 1966.

-Protocolo sobre el Estatuto de los Refugiados, 1967. -Principios Rectores de los desplazamientos internos, 1998.

-Protocolo Adicional para prevenir, suprimir y sancionar la trata de personas, especialmente mujeres y niños, que complementa la Convención de las Naciones Unidas contra la Delincuencia Organizada Transnacional.

www.ingramcontent.com/pod-product-compliance
Lightning Source LLC
Chambersburg PA
CBHW081238250726
48654CB00012B/1382